KB095038

블록체인 스타트업

블록체인
스타트업

ⓒ 황정우, 김광혁, 2024

초판 1쇄 발행 2024년 5월 9일

지은이	황정우, 김광혁
펴낸이	이기봉
편집	좋은땅 편집팀
펴낸곳	도서출판 좋은땅
주소	서울특별시 마포구 양화로12길 26 지월드빌딩 (서교동 395-7)
전화	02)374-8616~7
팩스	02)374-8614
이메일	gworldbook@naver.com
홈페이지	www.g-world.co.kr

ISBN   979-11-388-3097-3 (03320)

- 가격은 뒤표지에 있습니다.
- 이 책은 저작권법에 의하여 보호를 받는 저작물이므로 무단 전재와 복제를 금합니다.
- 파본은 구입하신 서점에서 교환해 드립니다.

가 상 자 산 프 로 젝 트 준 비 부 터 상 장 까 지 의 여 정

블록체인 스타트업

황정우 · 김광혁 지음

좋은땅

개요

이 책은 블록체인 개발과 거래소 상장 브로커의 경험을 공유하고 있다. 저자는 수십 명의 클라이언트와 함께 여러 가상자산을 개발하고, 다양한 블록체인 프로젝트를 기획하고 거래소에 상장시킨 경험을 바탕으로 이 책을 구상하였다. 저자는 매번 상황을 세세하게 기록하고 남겨 두지 않아 기억에 의존하여 이 책을 작성하였으며, 그러므로 내용이 다소 부족할 수 있다. 그러나, 저자는 자신의 기억과 경험을 최대한 살려 독자들에게 유용한 정보와 인사이트를 제공하고자 노력하였다.

이 책은 블록체인 기술에 관심을 가지고 자신만의 프로젝트를 기획하고 운영하려는 스타트업 창업자들을 대상으로 한다. 이 책을 통해 독자들은 기초적인 블록체인 프로젝트의 기획과 운영, 그리고 거래소 상장을 위한 필요한 지식과 전략을 배울 수 있을 것이다.

목차

1. 스타트업이 준비해야 될 사항

하루에도 수십 개의 새로운 프로젝트들의 알트코인들이 거래소에 상장되고 있다. 이들과 경쟁하고 더 나은 발판을 위해서는 아래의 기본 기획이 필요로 한다.

다음은 블록체인 프로젝트를 이제 막 시작하려는 스타트업들이 생각해 보아야 될 내용이다.

■ 기술적 구현

스마트 컨트랙트 개발: 어떻게 스마트 컨트랙트를 개발하고, 테스트하며, 배포할 것인가?

블록체인 네트워크 보안: 어떻게 프로젝트를 안전하게 유지할 수 있는가?

■ 커뮤니티 및 마케팅 전략

프로젝트의 성공을 위해 어떻게 커뮤니티를 구축하고 관리할 것인가? 어떤 마케팅 전략이 효과적일까?

■ **자금 조달**

자금 조달 방법에 대한 정보와 이들을 어떻게 진행할 것인가?

■ **경영 및 팀 구축**

어떻게 효과적인 팀을 구성하고, 프로젝트를 관리할 것인가?
높은 수준의 전문성과 다양성을 팀 내에서 어떻게 확보할 것인가?

■ **법적 고려 사항 및 규제 준수**

프로젝트를 진행하며 법적인 문제를 어떻게 준비하고, 국제적, 국가
적 법률을 어떻게 준수할 것인가?

■ **리스크 관리 및 위기 대응**

블록체인 프로젝트의 고유한 위험을 어떻게 관리하고, 위기 상황에
어떻게 대응할 것인가?

■ **사업 모델 및 수익 모델**

어떻게 수익을 창출할 것인가? 사업 모델이 효과적이고 지속 가능한
가? 로드맵은 준비되었는가?

■ **사용자 경험 및 인터페이스 디자인**

사용자 친화적인 제품을 디자인하는 방법은? 지속 가능성 및 확장성
프로젝트가 장기적으로 어떻게 지속 가능하고 확장 가능한가?

■ 경쟁 분석

경쟁사와의 차별점은 무엇인가? 어떻게 시장에서 경쟁력을 유지할
수 있을까?

■ 토큰 이코노믹스

토큰의 공급량, 배포 방식, 가치 보존 방법 등에 대한 전략 구성이 준
비되었는가?

■ 파트너십

초기 프로젝트에서 발행한 토큰이 유틸리티 토큰으로서 다른 협력
프로젝트 플랫폼에서 사용될 수 있도록 협력 체계는 갖추었는가?

또는 홍보 마케팅을 위한 파트너십이 있는가?

블록체인 스타트업

2. 블록체인 시장에서 재단이란?

블록체인 프로젝트에서 언급되는 '재단'과 일반적인 '법적 재단' 간의 차이점을 이해하기 위해, 두 용어를 명확히 정의해야 한다.

많은 블록체인 프로젝트들이 자신들은 재단을 가지고 있다고 말하지만 실상은 법적 재단이 아닌 경우가 대다수이다. 그들이 말하는 재단은 도대체 무엇일까?

재단이라고 말하면 일반인들은 돈이 많은 단체, 자금을 지원하는 단체라고 생각하기 쉽다. 하지만 그들이 말하는 재단의 실상은 매우 다르기 때문에 조심해야 한다.

법적으로 재단은 기본 재산은 통상 5억 원 이상을 출연해야 하고, 주무관청 및 사업에 따라 20억 이상을 출연해야 하는 재단법인으로 등록 가능하다.

재단 설립을 위한 출연금이 높다 보니, 실제로는 개인사업자 또는 법인사업자, 사업자가 없는 개인(또는 팀)들이 코인을 발행하고 스스로를 재단이라고 부르기도 한다. 따라서 투자자들과 유저들은 이 부분을 파악하고 피해를 예방해야 한다.

해외 거래소들은 사업자가 없어도 개인이 만든 가상자산(토큰/코인)도 상장 가능하며, 실제로 사업자등록증(법인등록증)을 요구하지 않는

곳이 대다수이다.

1) 블록체인 재단

블록체인 프로젝트에서의 '재단'은 일반적으로 프로젝트를 지원하고, 관리하며, 발전시키기 위해 설립된 조직 또는 블록체인에서 가상자산을 발행, 배포한 곳을 의미한다. 이러한 재단들은 프로젝트의 비전을 실현하고, 커뮤니티와의 소통 채널을 유지하며, 때로는 자금을 조달하고 관리한다. (유동성 공급)

2) 법적 재단

법적 재단은 법률적으로 인정받은 독립적인 법인이며, 특정 목적을 달성하기 위해 설립된다. 일반적으로, 이들 재단은 자선 활동, 교육, 연구 등 다양한 비영리 목적을 추구한다. 법적 재단은 재단 설립, 운영, 해산에 대한 명확한 법률과 규정을 따라야 한다.

3. '코인(Coin)'과 '토큰(Token)' 차이점

가상자산(암호화폐)을 거래소에 상장시키기 위해서는 초기에 준비 단계가 필요하다. 대부분의 사람들은 모든 암호화폐를 코인이라고 일컫으나, 사실상 토큰이 코인보다 훨씬 일반적이다. 대표적으로 많이 알려진 USDT도 실제로는 토큰이다. 이외에도 ○○코인, ○○○코인 등 명칭에는 코인이라고 붙여져 있지만, 명칭만 코인일 뿐 실제로는 토큰인 경우가 많다.

사용 목적이 가상화폐이기 때문에 코인이라고 불러도 문제는 없지만, 기술상으로는 명칭이 다르게 된다.

일반 사용자들에게는 이 차이를 명확히 알 필요는 없지만, 프로젝트를 운영하는 이들에게는 이 구분은 필수적인 지식이다.

상당수의 클라이언트들이 이 차이점을 이해하지 못한 채로 프로젝트를 시작하곤 하며, 이는 때로는 프로젝트의 추진을 방해할 수 있다. 이러한 상황을 피하기 위해서는 0세대부터 2세대 코인까지, 각 세대의 특징과 기능을 이해해야 한다.

■ 비트코인 이후 플랫폼 코인의 등장(이더리움)
1세대 코인인 비트코인은 기본적으로 거래의 목적으로만 사용된다.

그러나 2세대 코인인 이더리움은 이를 한 단계 발전시켜 스마트 컨트랙트와 디앱을 지원한다. 이더리움과 같은 플랫폼을 사용하여 개발자들은 가상자산을 만들어 배포할 수 있고, 스마트 컨트랙트 작성에 따라 다양한 기능을 추가로 구현할 수 있다.

이더리움을 통해서 발행된 토큰들은 이더리움의 네트워크를 사용한다. 즉 이더리움은 플랫폼 역할을 하게 된다. 이와 유사하게, 바이낸스 체인에서 발행된 토큰은 바이낸스의 네트워크를 사용한다. 토큰을 사용하면서 발생하는 네트워크 비용과 가스비는 모두 해당 플랫폼 코인으로 지불된다.

예) 이더리움 네트워크에서 토큰이 거래되는 예시

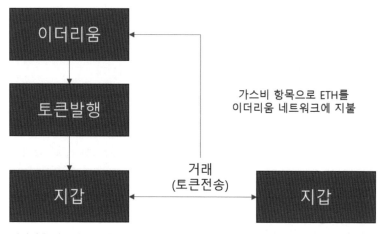

이더리움 네트워크를 사용하여 배포된 토큰과 그 거래가 많을수록 이더리움 생태계는 강화된다.

이러한 토큰과 코인의 차이를 이해하는 것은 프로젝트의 규모와 목표에 따라 적절한 전략을 세우는 데 있어 중요한 요소다. 일반적으로는 토큰 발행이 권장되며, 이는 프로젝트 운영에 있어 다양한 유연성과 확장성을 제공하기 때문이다.

이 페이지에서는 코인과 토큰의 기본적인 차이와 그 용도, 그리고 이를 이해해야 하는 이유에 대해 설명하고 있다. 이 기본 개념의 이해는 프로젝트의 성공적인 운영과 실행을 위한 필수적인 첫걸음이다.

4. 코인과 토큰 어떤 것을 선택해서 시작해야 할까?

자신만의 암호화 자산을 개발하려는 이들은 크게 두 가지 선택지가 있다.

코인을 개발하거나, 이미 존재하는 코인의 네트워크를 사용하여 토큰을 배포하고, 프로젝트를 운영하는 것이다.

이 중 어떤 선택을 해야 할지는 프로젝트의 규모, 자산, 그리고 목표에 따라 결정된다. 일반적으로, 코인의 개발과 유지 보수는 많은 비용과 노력을 필요로 하기 때문에, 대부분의 프로젝트는 토큰을 선택한다.

1) 자체적인 네트워크 개발과 코인

■ 코인의 개발

1세대 코인인 비트코인을 개발하는 것은 비교적 간단하고 비용이 적게 들지만, 확장성의 문제로 이러한 1세대 코인을 새로 만들려는 프로젝트는 거의 없다. 또한 1세대 비트코인의 경우에는 채굴이 필요하고, 전력을 사용하는 비용과 채굴로 얻는 코인의 차액에서 손실이 더 크기 때문에 대부분의 새로운 프로젝트는 이더리움(PoS)과 같은 플랫폼 코인을 목표로 하며, 이러한 코인의 개발은 유지 비용이 많이 든다. 특히,

블록체인 스타트업

코인의 생태계를 구축하고 유지하기 위해서는 지속적인 노력과 투자가 필요하다.

이더리움과 같은 네트워크의 경우, 소스코드가 공개되었기 때문에 동일한 네트워크를 만드는 것은 큰 비용이 들어가지 않지만, 차별화된 기능을 위해 커스텀할 경우 비용이 상당히 높아지게 된다.

또한 유지 비용이 얼마나 나올지 알 수 없다.

■ 유지 비용

블록체인 네트워크의 안정적인 운영과 보안은, 네트워크를 지탱하는 서버, 인프라, 그리고 네트워크 자체의 안전성이 중요하게 작용한다. 이러한 구성 요소들이 해커의 공격이나 기타 보안 문제에 노출될 경우, 전체 블록체인 네트워크에 치명적인 문제를 초래할 수 있다.

또한, 사용자들에게 블록의 상태와 트랜잭션을 탐색할 수 있게 하는 블록탐색기의 운영과 유지 보수와 RPC, 네트워크 업데이트, SDK, 새로운 인프라 제공도 중요한 부분으로, 이에 대한 비용이 상당히 발생하게 된다. 이러한 다양한 인프라와 서비스들은 블록체인 네트워크의 안정성을 확보하고, 사용자들에게 끊김 없이 서비스를 제공하게 해, 최종적으로는 사용자의 만족도와 신뢰도를 향상시킬 수 있도록 해야 한다.

2) 특정 네트워크 기반의 토큰 배포

■ 토큰의 유연성

토큰은 존재하는 코인의 네트워크를 기반으로 하므로, 개발 비용이 훨씬 적다. 또한, 토큰은 프로젝트의 규모가 커지고 실제 홀더가 많아 질수록 그 가치를 창출하고 유지할 수 있다. 일부 프로젝트들은 토큰 으로 시작하여 성공적으로 규모를 키운 뒤에 자체 코인을 개발하고, 기 존 토큰과 새로운 코인을 교환하는 방식으로 전환하기도 한다.

■ 제작 비용

토큰의 개발 비용은 상대적으로 저렴하며, 유지 비용이 거의 없다. 이러한 이유로, 많은 프로젝트들이 초기에는 토큰을 선택하며, 이를 통 해 프로젝트의 가능성을 시험해 본다.

이더리움과 같은 코인 개발은 일반적으로 개발비만 1천만 원 정도이 다. 이외에도 관리 비용이 발생하기 때문에 초기 스타트업에서 부담스 러운 비용이다.

하지만 토큰의 경우, 누구나 쉽게 만들 수 있고, 개발자들에게 의뢰 해도 10~40만 원이면 만들 수 있기 때문에 비용 부담 측면과 관리 비용 측면에서 가성비가 매우 높다.

명칭의 경우 토큰이지만, 자신만의 명칭에 코인명을 붙이면 된다.

예를 들면, 이더리움 체인에서 배포한 토큰을 ㅇㅇㅇ코인으로 명칭 을 지으면 된다. 어차피 거래소에 상장되는 것은 코인이나 토큰이나 동일하다.

그리고 코인보다 토큰을 상장하는 것이 거래소에 지불해야하는 상장 비용이 더 저렴하다. 왜냐하면 코인을 상장해야 하는 경우에는 거래소에서 api를 따로 제작하여 상장 등록 처리를 해야 하기 때문에 비용과 기간이 증가하기 때문이다. (거래소에 따라 다를 수 있음)

3) 토큰에서 코인으로 전환과 성장

토큰 기반의 프로젝트가 성장하고, 거래량이 늘어날 경우, 프로젝트의 지속 가능성과 확장성을 고려하여 코인의 개발을 고려할 수 있다. 이 시점에서, 기존의 토큰을 새롭게 개발된 코인으로 교환할 수 있으며, 이러한 전환 과정은 프로젝트의 미래 발전을 위한 중요한 단계가 될 수 있다.

프로젝트 운영자는 이러한 전환 과정에서 다양한 선택을 할 수 있다. 토큰을 거버넌스 토큰으로 전환할 수 있으며, 기존 토큰을 폐기하거나, 토큰과 코인을 동시에 사용할 수도 있다. 이러한 결정은 프로젝트의 전략적 목표와 연계되어야 하며, 프로젝트의 성공을 위해 신중하게 결정되어야 한다.

이런 전환은 프로젝트의 성장과 발전을 위한 자연스러운 과정으로 볼 수 있으며, 토큰과 코인 사이의 전환은 프로젝트의 성숙도와 시장에서의 위치를 반영한다. 이는 프로젝트 운영자가 그들의 비즈니스 모델과 시장 반응을 계속적으로 평가하고 조정해야 함을 의미한다.

코인과 토큰 사이에서 선택해야 하는 이들은, 그들의 프로젝트 목표와 예산, 그리고 장기적인 비전을 고려하여 결정을 내려야 한다. 비록 코인이 더 독립적이고 유연할 수 있지만, 그 개발과 유지는 막대한 비용과 노력을 필요로 한다. 반면, 토큰은 비교적 저렴하고 유연하며, 프로젝트의 성장과 발전에 따라 그 가치를 찾을 수 있다.

블록체인 스타트업

5. 블록체인 플랫폼 선택

블록체인 플랫폼 선택은 프로젝트의 성공에 있어 결정적인 요소이다. 구상하고 있는 계획에 따라 플랫폼을 선택함으로써 개발, 운영, 확장성, 보안 등 여러 부분에서 이점을 얻을 수 있다.

그렇기 때문에 토큰을 배포하고 프로젝트를 운영하기 이전에 어떠한 플랫폼(네트워크: 체인)을 사용하여 시작할 것인지 신중히 고민해야 한다.

일반적으로 많은 스타트업들이 이더리움 솔리디티 기반인 EVM(Ethereum Virtual Machine)을 사용한 체인을 사용하지만, 각각의 EVM 호환 체인은 자체적인 특징과 차별점을 가지고 있다. 각 체인은 고유의 합의 알고리즘, 트랜잭션 속도, 수수료 구조, 보안 프로토콜 등을 가질 수 있다.

예를 들어, Binance Smart Chain은 이더리움과 비교하여 더 빠른 블록 생성 시간과 더 낮은 트랜잭션 수수료를 제공한다. Polygon은 이더리움의 확장성 문제를 해결하기 위해 개발되었다. 따라서 각기 다른 EVM 호환 체인을 선택할 때는 해당 프로젝트의 요구사항과 목표를 고려해야 한다.

1) EVM 네트워크

Ethereum

Binance Smart Chain(BSC)

Polygon(Matic)

clayton

Tron

많은 스타트업들이 EVM(Ethereum Virtual Machine) 네트워크를 선호하는 주된 이유들은 다음과 같다.

■ 풍부한 개발 환경

EVM 네트워크는 개발자들에게 풍부하고 성숙한 개발 도구와 프레임워크를 제공한다. 이로 인해 개발자들은 스마트 컨트랙트 개발에 필요한 리소스와 지원을 쉽게 얻을 수 있다.

■ 스마트 컨트랙트 지원

EVM 네트워크는 스마트 컨트랙트 기능을 기본적으로 제공하며, 이를 통해 다양한 블록체인 기반 애플리케이션과 서비스를 구축할 수 있다.

■ 커뮤니티와 생태계

이더리움과 같은 EVM 호환 네트워크는 활발한 개발자 커뮤니티와

방대한 블록체인 생태계를 가지고 있어, 다양한 지원과 협력의 기회를
제공한다.

■ 호환성

EVM 기반의 블록체인 플랫폼들은 대부분 서로 호환 가능하다. 이러
한 호환성은 개발자들이 다양한 EVM 기반 플랫폼에서의 개발을 용이
하게 하며, 다양한 플랫폼 간의 상호 작용을 가능케 한다.

■ 보안성

EVM은 다수의 프로젝트와 사용자들에게 검증받은 기술로, 고도의
보안성을 제공한다. 이더리움의 보안 모델과 기술을 기반으로 하기 때
문에, 많은 스타트업들이 이를 신뢰하고 선택한다.

■ 오픈소스

EVM과 이더리움은 오픈소스로 개발되어 있어, 스타트업들이 코드
를 자유롭게 검토, 수정하여 활용할 수 있다.

■ 다양한 네트워크 옵션

이더리움뿐만 아니라, Binance Smart Chain, Polygon, 클레이튼 등
다양한 EVM 호환 네트워크가 있어, 스타트업들은 자신의 프로젝트 요
구사항과 목표에 맞는 네트워크를 선택할 수 있다.

2) EVM을 사용하지 않는 네트워크

EVM(Ethereum Virtual Machine)이 아닌 블록체인 네트워크도 다양하게 존재한다.

일부 네트워크는 이더리움처럼 스마트 컨트랙트를 지원하지 않기 때문에 해당 체인에서는 토큰 배포를 할 수 없다.

아래는 EVM이 아닌 주요 블록체인 네트워크의 예시이다.

- Ripple(XRP) Network

특징: 실시간 결제와 화폐 거래를 중점으로 한 금융 네트워크.

목적: 금융 기관 간의 실시간, 저렴한 국제 결제와 화폐 전송을 가능케 하기 위함.

스마트 컨트랙트: 기본적으로 지원하지 않음.

- Stellar Network

특징: 저렴한 비용과 빠른 속도로 금융 서비스를 제공.

목적: 빠르고 안전한 결제 시스템 및 화폐 교환을 가능케 하기 위함.

스마트 컨트랙트: 단순한 스마트 컨트랙트를 지원.

- EOSIO Network

특징: 고성능과 확장성을 제공하는 웹 어셈블리를 사용하여 스마트 컨트랙트를 실행.

목적: DApps의 개발 및 배포를 쉽고 빠르게 하기 위함.

스마트 컨트랙트: 고도로 확장 가능한 스마트 컨트랙트를 지원.

■ Cardano Network

특징: 확장성과 상호 운용성, 지속 가능성에 중점을 둔 연구 기반의 블록체인.

목적: 지속 가능하고 확장 가능한 블록체인 솔루션을 제공하기 위함.

스마트 컨트랙트: 고도의 스마트 컨트랙트 기능을 제공.

■ NEO Network

특징: 디지털 자산, 디지털 신원, 스마트 컨트랙트를 통합하는 블록체인.

목적: 디지털 경제 에코시스템을 구축하기 위함.

스마트 컨트랙트: 다양한 프로그래밍 언어로 스마트 컨트랙트를 작성 가능.

■ Tezos Network

특징: 자기 개정 프로토콜과 탈중앙화된 관리 모델을 가진 블록체인.

목적: On-chain 거버넌스를 통한 블록체인의 발전과 개선을 위함.

스마트 컨트랙트: 스마트 컨트랙트와 DApps를 지원.

3) EVM 이외의 블록체인

EVM 이외의 블록체인 네트워크들이 상대적으로 덜 선호받는 이유
는 주로 생태계의 성숙도, 개발자 친화성, 커뮤니티 활동, 리소스 및 지
원의 차이에서 기인한다.

■ 생태계의 미숙성

EVM(이더리움 가상 머신) 네트워크들, 특히 이더리움은 초기부터
블록체인 기술과 스마트 컨트랙트 개발에 초점을 맞추어 온 플랫폼이
기 때문에, 상대적으로 더 성숙하고 활발한 생태계를 가지고 있다. 다
른 블록체인 플랫폼들은 이러한 생태계를 구축하는 데 시간이 더 걸릴
수 있다.

■ 개발자 친화성

EVM은 Solidity라는 언어를 사용하여 개발할 수 있고, 이는 상대적
으로 높은 개발자 친화성을 제공한다. EVM 이외의 네트워크들은 다른
언어와 도구를 사용할 수 있어 개발자들이 새로운 언어나 프레임워크
를 배워야 하는 어려움이 있을 수 있다.

■ 커뮤니티와 지원

이더리움과 같은 EVM 기반 네트워크들은 크고 활발한 개발자 커뮤
니티와 방대한 지원 및 문서화 리소스를 제공한다. 이는 개발 과정을

블록체인 스타트업

단순화하고 문제 해결을 용이하게 만든다. 비-EVM 네트워크들은 종종 이러한 부분에서 상대적으로 부족할 수 있다.

■ 호환성

이미 EVM과 호환되는 다양한 도구와 인프라가 존재하며, 이는 개발 자들이 EVM 이외의 플랫폼을 사용할 때 재사용하기 어렵다.

■ 프로젝트의 리스크

비-EVM 네트워크는 기술적인 측면이나 보안 측면에서 아직 검증되지 않았을 수 있어, 프로젝트의 리스크가 증가할 수 있다.

■ 개발 리소스 및 비용

상대적으로 미숙한 네트워크에서의 개발은 추가적인 리소스와 비용이 발생할 수 있으며, 이는 특히 초기 스타트업에게 부담이 될 수 있다.

이러한 이유들로 인해, 많은 스타트업들은 검증된 기술과 성숙한 생태계를 제공하는 EVM 네트워크를 선호하게 된다.

6. 트론 네트워크/TRON(TRX)

트론 네트워크는 여러 가지 이점과 특징이 있어 스타트업들이 이를 기반으로 TRC20 토큰을 발행할 때 큰 이점이 있다.

저자가 트론 체인을 권장하는 주된 이유는 트론 체인이 뛰어난 성능, 빠른 속도, 그리고 매우 낮은 거래 수수료를 제공하기 때문이다. 트론 네트워크는 초당 수천 건의 트랜잭션을 처리할 수 있는 능력을 보유하고 있어, 이는 사용자에게 매력적인 선택지로 작용한다. 또한, 트론(네이티브) 거래 수수료가 매우 낮기 때문에, 사용자는 최소한의 비용만으로 거래를 실행할 수 있다.

또한, 트론은 이미 거대하고 활성화된 사용자 기반을 가지고 있으며, 그로 인해 트론 위에 구축된 프로젝트는 빠르게 적응하고 성장할 수 있다. 트론 네트워크는 거래의 빠른 속도와 낮은 수수료로 인해 세계 각지에서 수많은 사용자들이 트론을 사용하고 있다.

트론의 생태계 내에서는 트론의 시장 가치와 총 잠금 가치(TVL) 비율이 경쟁력 있게 나타나고 있어, 트론 기반의 프로젝트로 경쟁 우위를 확보할 기회를 제공한다.

트론 체인은 EVM 호환성과 다른 블록체인 플랫폼들에 비해 상당한 이점과 기회를 스타트업들에게 제공한다.

1) 트론의 특징: 에너지와 대역폭

트론(TRON) 네트워크는 에너지와 대역폭이라는 두 가지 주요 자원을 활용하여 네트워크를 운영하고 있다. 이러한 특징은 트론이 다른 블록체인 플랫폼과 비교할 때 독특한 측면으로 작용한다. 에너지와 대역폭은 가스비로 대체 대여 사용 되며, 개발자와 스타트업에서는 가스 비용과 운영 비용을 획기적으로 절감할 수 있다.

또한 에너지와 대역폭은 사용 후 24시간 후 다시 채워진다.

에너지와 대역폭 중 어떤 것을 얻을지 선택하여 스테이킹할 수 있다. 개발자처럼 스마트 컨트랙트 배포가 많은 경우에는 에너지를 많이 필요로 하고, 거래량이 많거나 지갑 및 거래소를 운영하는 입장이라면 대역폭이 더 많이 필요로 하기 때문에 필요한 자원에 따라 스테이킹을 하면 된다.

■ 에너지

트론 네트워크에서 에너지는 스마트 컨트랙트를 실행하는 데 사용된다. 사용자가 스마트 컨트랙트를 실행하려면 에너지를 소비해야 하며, 에너지를 얻기 위해서는 TRX를 스테이킹해야 한다. 잠긴 TRX에 대해 사용자는 에너지를 얻는다. 이 에너지는 스마트 컨트랙트의 실행에 필요한 가스 비용으로 대체되어 사용된다.

■ 대역폭

대역폭은 트론 네트워크에서의 거래 생성과 전송에 필요한 자원이다. 대역폭은 사용자가 TRX를 프리징하여 얻을 수 있다. 대역폭을 얻기 위해 프리징된 TRX는 거래를 생성하고 네트워크를 통해 전송하는데 필요한 자원을 제공한다.

에너지와 대역폭은 트론 네트워크에서 중요한 역할을 한다. 에너지는 스마트 컨트랙트의 실행을 가능케 하며, 대역폭은 거래의 생성과 전송을 촉진한다. 이 두 자원을 적절히 관리하고 활용함으로써 사용자와 개발자는 트론 네트워크에서 더 효율적이고 원활한 경험을 할 수 있다.

트론 네트워크는 그 특성상, 글로벌 스타트업들에게 다양한 기회와 가능성을 제공한다. 에너지와 대역폭의 특징은 트론 네트워크를 이용하는 다양한 사업체들이, 효율적이고 비용 절감의 이점을 누릴 수 있게 한다.

트론은 사용자와 개발자 모두에게 친숙한 환경을 제공하며, 스마트 컨트랙트의 배포와 실행에 있어서 비용 효율적이며, 빠른 처리 속도를 지원한다. 특히 스타트업들은 이러한 특징으로 인해 초기 비용을 절감하고, 비즈니스 모델을 빠르게 시행할 수 있다.

트론 블록체인은 또한 전 세계적으로 수억 명의 사용자를 확보하고 있어, 새로운 프로젝트와 토큰이 빠르게 대중화될 수 있는 기회를 제공한다.

더불어, 트론의 성장 가능성과 안정성, 그리고 국제적인 유저 베이스로 인해 스타트업들은 광범위한 시장에 접근할 수 있다. 특히, 트론체

블록체인 스타트업

인의 usdt와 같은 스테이블코인을 사용하는 글로벌 사용자들이 이용하기 용이하다.

이렇게 다양한 이점들로 인해, 트론 네트워크와 TRC20 토큰은 스타트업들에게 매력적인 옵션으로 자리 잡고 있다.

이는 트론 네트워크가 제공하는 높은 퍼포먼스, 빠른 거래 속도, 낮은 수수료, 그리고 강력한 보안 등이 결합된 결과이며, 이러한 특성들이 스타트업들에게 긍정적인 영향을 미치며, 성공적인 프로젝트 진행을 보조하고 있다.

7. 토큰 생성(스마트 컨트랙트 배포)

스마트 컨트랙트를 배포하여 나만의 새로운 토큰(코인)을 만드는 과정은 필요한 기능과 목표에 따라 복잡하거나 단순할 수 있다. 이는 특히 거래 기능만을 가진 토큰과 여러 추가 기능을 추가한 토큰 간의 차이에서 두드러진다. 토큰은 누구나 쉽게 만들 수 있지만, 다양한 기능적인 요소가 포함될 경우, 개발자가 필요할 수 있다.

다음은 일반적으로 토큰에 추가하는 기능들에 대해서 설명한다.

1) 토큰의 기능

■ 무제한 민팅

이 기능을 사용하면 토큰을 무제한으로 발행할 수 있다. 이를 통해 프로젝트는 필요에 따라 유동성을 제한 없이 조절할 수 있다. 다만 이러한 문제로 인하여 투자자들의 매수에 영향을 끼칠 수 있다.

■ 제한 민팅

최대 발행량이 지정되어 있어, 지정된 수량 이상은 추가 발행이 불가능하다. 이를 통해 토큰의 가치를 보호할 수 있다.

■ 소각

토큰이 과다하게 발행된 것으로 판단되면, 소각을 통해 발행량을 줄일 수 있다.

■ 동결/해제

모든 사용자의 지갑에서 토큰 거래를 중지할 수 있다. 이 기능은 주로 프로젝트에 큰 문제가 발생했을 때 긴급하게 사용된다.

■ 락업/해제

특정 지갑의 모든 또는 일부 토큰을 잠글 수 있다. 이를 통해 특정 사용자의 거래를 제한할 수 있다.

■ 타임 락업/해제

지정된 지갑 주소의 락업이 특정 일자에 해제된다. 이를 통해 일정 시간 동안의 거래를 제한할 수 있다.

■ 베스팅

베스팅은 특정 기간 동안 몇 차례 나누어 락업을 해제한다.

이는 주로 팀 멤버들이 프로젝트에 장기적으로 참여하도록 유도하는 데 사용된다.

일반적인 락업은 많은 수량이 일시적으로 해제되어, 시장에 유입될 수 있지만, 베스팅의 경우 여러 차례 나누어 일정 비율로 락업이 해제되기 때문에 시장 공급이 더 안정적이며, 팀원들에게 신뢰감을 줄 수 있다.

* 락업과 동결 기능의 경우 CMC에서 부정적인 도출이 있을 수 있다.

2) 락업 기능으로 해킹 및 유출 방지 사례

웹 지갑에서 허술한 관리자의 패스워드 설정으로 총 10억 개 토큰 중 1억 개의 토큰이 특정 주소로 탈취되는 해킹 사건이 있었다.

다행히 실시간 모니터링을 통해서 탈취한 지갑 주소에 락업을 하여, 탈취된 1억 개의 토큰을 더 이상 사용할 수 없도록 막았다.

만약 해커가 탈취한 후 자금을 여기저기 다양한 주소로 옮긴 경우, 동결 기능을 사용하여 일시적으로 모든 사용자 지갑에서 해당 가상자산이 더 이상 거래되지 않도록 막을 수 있으며, 그 후 악용 의심되는 주소에 락업을 걸고 동결을 해제하여 문제를 해결할 수 있다. 다만 동결 기간 동안 다른 유저들도 해당 코인을 사용할 수 없는 문제가 발생한다.

3) 이밖에 특수한 스마트 컨트랙트 토큰

■ 세금

토큰 거래에 대해 10%의 수수료를 부과하며, 5%는 토큰 보유자에게 재분배(또는 반영)되고 5%는 특정 덱스의 유동성풀로 전달된다. (퍼센트는 변경 가능)

* 세이프문 토큰이 이러한 세금 기능으로 토큰을 출시하여 이후 여러 프로젝트들이 모방하여 시도하였으나, 세이프문 토큰과 모방한 모든 프로젝트들의 결과는 좋지 않았다.

이더리움 솔리디티를 이용하면, 다양한 기능을 만들 수 있다. 프로젝트 운영자가 어떠한 아이디어로 솔리디티를 구성하여 스마트 컨트랙트를 배포하는지에 따라 기능 구성이 달려 있다.

■ 스테이블코인

스테이블코인의 경우, 투명성과 감사 등이 필요하며, 일반 토큰과 다른 복잡성이 필요하다. (토큰의 가치를 안정화하기 위한 메커니즘을 추가적으로 구현) 일부 거래소에서는 규제 문제로 인해 상장이 어려울 수 있다.

* 저자는 거래소에서 스테이블코인을 상장을 시도해 봤지만, 당시 루나 사태로 인하여 거래소에서 테라의 ○○ 씨를 언급하며 거절했다.

■ 토큰 생성과 스마트 컨트랙트 배포의 중요성

토큰과 스마트 컨트랙트의 성공적인 배포는 암호화폐 프로젝트의 핵심 구성 요소이다. 이를 통해 프로젝트는 자체적인 경제 시스템을 구축하고, 사용자들과의 상호 작용을 실현할 수 있다. 따라서 토큰과 스마트 컨트랙트의 기능, 구조, 배포 과정은 신중하게 결정되어야 한다.

만약, 토큰에 원하는 스마트 컨트랙트를 구현하지 않았다고 해도 걱

정할 필요는 없다. 별개의 스마트 컨트랙트를 배포하여 기발행한 토큰과 호환 및 연결된 작업을 할 수 있도록 구현하면 된다.

블록체인 스타트업

8. 테스트넷

테스트넷(testnet)은 블록체인 네트워크에서 개발자들이 새로운 코드를 테스트하거나 실험을 할 수 있도록 제공하는 별도의 블록체인 네트워크다. 이 네트워크는 메인넷(mainnet), 즉 실제 블록체인 네트워크와 별개로 운영된다.

쉽게 생각하면 게임 서버에도 테스트 서버가 있듯이 각 네트워크마다 테스트넷을 제공한다.

사용자들이 가상화폐를 거래할 때 발생하는 거래 수수료와 다르게 스마트 컨트랙트 배포에는 생각보다 높은 가스비가 발생한다. (체인에 따라 다름)

또한 만들어진 블록체인 플랫폼에서 스마트 컨트랙트 테스트, 거래 테스트에서 발생하는 비용을 아낄 수 있다. 테스트넷에서는 가스비를 무료로 제공하기 때문이다.

테스트넷의 코인은 메인넷으로 옮길 수 없다.

같은 게임이지만 서버가 다르다고 생각하면 이해하기 쉽다.

1) 특징과 목적

■ 개발 및 테스트 목적

테스트넷은 개발자들이 새로운 기능이나 업데이트, 스마트 컨트랙트 등을 안전하게 테스트하고 실험할 수 있게 해 준다.

■ 안전성

테스트넷에서의 실험은 메인넷에 영향을 주지 않기 때문에, 오류가 발생해도 실제 자산이 손상되거나 잃어버리지 않는다.

■ 무료 이용

대부분의 테스트넷은 무료로 토큰을 받을 수 있어, 개발과 테스트에 필요한 비용이 없다.

■ 배포 전 확인

개발자는 테스트넷을 통해 새로운 기능이나 업데이트가 예상대로 작동하는지 확인할 수 있다. 문제가 발견되면 수정을 거쳐 최종적으로 메인넷에 배포한다.

2) 각 네트워크별 테스트넷

각 네트워크별 테스트넷의 고유 명칭이 있고, 하나의 네트워크에서

블록체인 스타트업

여러 개의 테스트넷을 운영하는 경우가 많다. 다음은 각 체인별 대표적인 테스트넷의 명칭이다.

이더리움 - Goerli
바이낸스 - Binance Smart Chain Testnet
트론 - Shasta Testnet
클레이튼 - Baobab Testnet
폴리곤 -Mumbai Testnet

해당 테스트넷을 사용하려면, 메타마스크 등의 지갑에 해당 테스트넷을 추가해야 한다.

3) 테스트넷을 위한 수도꼭지

수도꼭지(faucet)는 블록체인과 관련된 용어로, 개발자와 사용자들이 테스트넷에서 개발과 테스트를 진행할 때 사용할 수 있는 무료 코인(토큰)을 제공하는 온라인 서비스를 말한다. 테스트넷은 실제 네트워크 환경을 모방한 개발 환경이며, 여기에서 이루어지는 모든 활동은 실제 가치를 가지지 않는다.

개발자들은 수도꼭지를 통해 테스트넷 토큰을 얻어, 스마트 컨트랙트 개발, DApp 개발, 트랜잭션 테스트 등 다양한 활동을 실제 자금을 사용하지 않고도 수행할 수 있다. 이렇게 함으로써, 개발자들은 개발

중 발생할 수 있는 다양한 문제와 오류를 미리 파악하고, 이를 수정하거나 개선할 수 있다.

각 체인별 다른 수도꼭지를 제공한다. 각 계정별 받을 수 있는 일일 제한이 있기 때문에 개발자인 경우, 꾸준히 모아 두는 게 좋다.

부족해지는 경우, 무료로 제공되는 코인을 다른 개발자에게 돈을 주고 구매해야 하는 경우가 발생한다.

블록체인 스타트업

9. 핑크세일

현재 만들어진 토큰에 락업과 베스팅 기능이 없고, 전용 지갑이 없는 경우에는 핑크세일을 통해서 해당 기능을 사용할 수 있다.

핑크세일은 락업과 베스팅에 대한 스마트 컨트랙트를 배포할 수 있도록 지원한다. 핑크세일을 통하지 않고도 자체적으로 스마트 컨트랙트를 배포할 수 있지만, 핑크세일을 이용하면 비용과 시간을 절약할 수 있는 장점이 있다.

1) 핑크세일(https://www.pinksale.finance/)

핑크세일(PinkSale)은 토큰 발행 및 프리세일 플랫폼으로, 이곳에서 개발자와 프로젝트 소유자들은 자신들의 새로운 토큰을 생성하고, 토큰의 프리세일을 진행할 수 있다. 이 플랫폼은 주로 Binance Smart Chain, Ethereum, Polygon 등 다양한 블록체인 네트워크 위에서 구축된 토큰에 대한 프리세일을 호스팅 한다.

■ 기능 및 이점

토큰 발행: 사용자들은 핑크세일을 통해 새로운 토큰을 만들 수 있다.

프리세일 호스팅: 프로젝트 소유자는 토큰의 프리세일을 진행할 수 있다.

리퀴디티 잠금: 프로젝트 소유자들은 프리세일 후 리퀴디티를 잠글 수 있어 사용자들에게 신뢰를 제공할 수 있다.

■ 사용 방법

토큰 생성: 사용자는 플랫폼을 통해 새 토큰을 생성한다.

프리세일 설정: 프리세일의 시작 및 종료 시간, 토큰 가격, 목표 금액 등을 설정한다.

프리세일 진행: 설정한 프리세일을 통해 투자자들로부터 투자를 받는다.

10. 개인 지갑/메타마스크

메타마스크는 이더리움 블록체인과 상호작용할 수 있는 웹 브라우저 확장 플러그인이자 개인 지갑이다. 크롬, 파이어폭스, 브레이브 등의 주요 웹 브라우저에 설치할 수 있다. 이를 통해 사용자는 이더리움 기반의 토큰들을 쉽게 보관하고, 관리할 수 있다.

메타마스크는 사용자의 개인키를 로컬 스토리지에 저장하며, 이 키는 외부와 공유되지 않아 사용자만이 접근할 수 있다. 이 지갑을 통해 사용자는 이더리움과 다른 ERC-20 토큰들을 안전하게 전송하고, 받을 수 있다. 또한, 메타마스크는 다양한 이더리움 기반의 디앱(디센트럴라이즈드 애플리케이션)에 접근하고, 이를 사용할 수 있게 해 준다.

1) 초기 스타트업에 사용 친화적인 지갑

블록체인 관련 스타트업들은 메타마스크를 선호하는데, 그 이유는 여러 가지다. 먼저, 메타마스크는 그 사용자 인터페이스가 매우 직관적이다. 이로 인해 블록체인에 익숙하지 않은 사용자들도 상대적으로 쉽게 접근할 수 있다.

또한 메타마스크는 웹 브라우저 확장 프로그램으로서 작동하므로 별도의 애플리케이션을 설치할 필요가 없다. 이 점은 사용자가 서비스에 빠르게 접근할 수 있게 해 주어 접근성을 높이고, 사용의 편리성을 제공한다.

메타마스크를 통해서는 다양한 이더리움 기반의 디센트럴라이즈드 어플리케이션(디앱)에 쉽게 접근하고 상호작용할 수 있다는 장점도 있다. 이는 스타트업들이 자체적으로 개발한 디앱을 쉽게 테스트하고 시장에 출시할 수 있게 도와준다.

개발자들에게는 메타마스크가 API를 제공하여 프로젝트와의 통합을 용이하게 해 준다. 이는 프로젝트와 메타마스크와의 호환성을 강화시켜 준다.

커뮤니티 지원과 다양한 온라인 리소스의 제공도 메타마스크의 큰 장점 중 하나다. 스타트업들이 문제를 해결하거나 새로운 기능을 개발할 때 이러한 지원은 큰 도움이 된다.

메타마스크의 EVM의 완벽한 호환성은 해당 생태계 위에서 작업하는 초기 스타트업들에게 큰 이점을 제공한다.

총합해서 보면, 사용의 편의성, 개발자 친화성, 이더리움 생태계와의 호환성 등으로 인해 초기 스타트업들은 메타마스크를 다른 지갑 솔루션들보다 선호한다는 것을 알 수 있다.

11. RPC 주소(체인링크)

네트워크를 추가하다 보면 RPC 주소라는 것을 볼 수 있다. 이 RPC 주소는 여러 주소가 있고, 사용자들과 노드 상태에 따라 해당 RPC가 원활하거나 정지되는 경우가 있다.

메타마스크에서 개발, 거래할 때 이유 없이 계속 오류가 발생한다면 이 RPC에 문제가 발생하는 경우가 많다.

RPC가 무엇이고, 어떻게 상태를 확인할 수 있는지 알아보자.

RPC 주소는 메타마스크 같은 지갑이 다른 블록체인 네트워크와 소통할 수 있게 해 주는 주소다. RPC는 간단히 말해, 한 컴퓨터 프로그램이 다른 컴퓨터 프로그램에게 작업을 요청할 수 있게 하는 방식을 말한다.

블록체인에서, RPC 주소를 사용하면 메타마스크와 같은 지갑이 블록체인 네트워크의 한 부분, 즉 '노드'와 연결할 수 있다. 예를 들어, 메타마스크를 통해 코인을 보내려고 하면, 설정된 RPC 주소로 블록체인 네트워크에 연결해 거래를 보낼 수 있다.

RPC 주소를 설정하려면, 보통 다음과 같은 정보들을 입력해야 한다.

새로운 RPC URL: 이 주소를 통해 블록체인 네트워크의 한 노드에 접속할 수 있다.

체인 ID: 연결하려는 블록체인의 고유한 번호다.

심볼: 해당 네트워크의 코인이나 토큰의 약자다. (예: ETH)

블록 탐색기 URL: 블록체인의 거래 내역을 볼 수 있는 웹사이트 주소다.

RPC 주소 덕분에, 사용자는 메타마스크를 이용하여 여러 블록체인과 소통하고, 다양한 블록체인 생태계에 참여할 수 있다.

네트워크 › 네트워크 추가 › **네트워크 직접 추가**

> ⓘ 악성 네트워크 공급업체는 블록체인 상태를 거짓으로 보고하고 네트워크 활동을 기록할 수 있습니다. 신뢰하는 맞춤 네트워크만 추가하세요.

네트워크 이름

새 RPC URL

체인 ID ⓘ

통화 기호

블록 탐색기 URL (옵션)

취소   저장

네트워크를 추가하거나, RPC로 인해 오류가 발생할 경우에 메타마

블록체인 스타트업

스크 → 네트워크 추가에서 추가할 수 있다.

1) 활성화된 RPC 찾기(체인링크)

다음 이미지는 체인링크(Chainlink)에서 제공하는 RPC URL 목록으로 BNB 테스트넷의 RPC 상태를 보여 준다.

이 중 SCORE 상태가 비활성화된 주소가 현재 메타마스크에 추가되어 있다면, 거래가 안 되거나 오류가 발생한다. 실시간으로 변경되기 때문에 적절히 확인하여 사용하면 된다.

체인링크의 RPC 목록은 EVM 체인에 대해서만 제공한다.

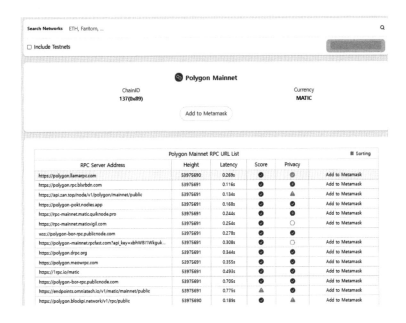

체인링크는 블록체인, 즉 비트코인이나 이더리움 같은 기술을 실제 세계와 연결해 주는 도구다. 예를 들어, 블록체인을 이용한 날씨 예측 게임에서 체인링크가 실제 날씨 정보를 블록체인 게임에 전달해 주면 게임은 그 정보를 바탕으로 승자를 결정한다.

간단히 말하면, 체인링크는 블록체인과 실제 세계 사이의 정보 전달 역할을 한다. 이로 인해 블록체인이 실세계의 다양한 정보와 상호작용 하며 더 많은 용도로 사용될 수 있다.

12. 메타마스크 개인키 찾기(비공개키)

개발자들은 자동화된 프로세스를 구축하기 위해서 메타마스크의 개인키를 사용한다. 개인키가 공개되면, 지갑의 사용 권한이 생기기 때문에 절대로 공개해서는 안 된다.

■ **자동화된 프로세스**

개인키는 자동화된 프로세스나 스크립트에서 프로그래밍 방식으로 트랜잭션을 실행하는 데 사용될 수 있다. 이는 일반적으로 계약 배포, 분산 애플리케이션(dApp)과의 상호작용 또는 일괄 트랜잭션 수행에 사용된다.

■ **개인키 찾기**

계정 클릭 → 우측 점 3개 → 계정 세부 정보 → 비공개키 보기 → 패스워드 입력

* 개인키는 각각 계정에 따라 다르다.

13. 메타마스크 로고 등록

많은 클라이언트들이 이더리움, 바이낸스, 폴리곤 등의 네트워크에서 나만의 토큰을 발행하고 나서, 메타마스크에 토큰 로고가 나타나지 않아서, 로고 등록 방법에 대해서 많은 질문이 있었다. 토큰 로고를 메타마스크에 추가하는 방법은 크게 3가지 정도로 나눌 수 있지만, 클라이언트가 원하는 방법은 다소 어려운 방법이다.

* 기본 방법, 직접 스크립트 구성, 자산 가치(시총) 상승.

1) 토큰 로고 추가

(1) 정보 제공 플랫폼에 등록된 버튼을 눌러 로고가 유저 지갑에 등록되게 하는 방법
(2) 메타마스크에 토큰 주소만 입력해도 메타마스크에 나오게 하는 방법
(3) 스크립트를 통해 구성된 버튼을 눌러 로고가 유저 지갑에 등록되게 하는 방법

블록체인 스타트업

2) 정보 제공 플랫폼 사용

■ 코인게코/코인마켓캡/이더스캔(블록탐색기) 등
각 웹사이트에 토큰을 등록한다. (요건 사항을 충족 후 등록 신청)
토큰이 등록되면, 등록된 토큰 페이지로 이동하여 메타마스크 아이
콘을 클릭하여 토큰을 추가한다.
그러면 사용자는 메타마스크에서 토큰 로고가 활성화된 것을 볼 수
있다.
　* 이 버튼을 누르지 않고, 토큰 주소 입력 방법으로 토큰을 추가하면 로고가 보이지
　　않는다.

3) 스크립트를 사용한 로고 등록

스크립트를 만들어서 홈페이지에 적용하여 로고 추가하기 버튼을
생성한다.
해당 버튼을 클릭하여 메타마스크에 토큰을 추가하는 경우 로고가
나타나게 할 수 있다.

4) 시총 상승으로 로고 등록 방법

모든 토큰 발행자는 기본적으로 Metamask의 모든 사람들이 자신의
통화 로고를 볼 수 있기를 원한다.

메타마스크에 토큰 로고를 추가하는 직접적인 방법은 없지만, 가상 자산 순위와 거래량이 활발해지면 메타마스크에 추가될 수 있다. 대략 300위 이내로 진입했을 때 가능하다.

1단계: CoinMarketCap에 토큰을 등록
2단계: CMC에서 순환 공급을 활성화
3단계: 코인의 순위를 상위 300개 통화에 포함되도록 높이기

순위를 높이는 가장 쉬운 방법은 코인의 시가 총액을 늘리는 것이다. 토큰 가격과 유통량을 높여야 가능하다.

5) 코인(토큰) 성장을 위한 플랫폼 등록

코인 등록 사이트: Coingecko, CoinMarketCap, Coindar 등에 코인을 등록함으로써, 토큰은 더 넓은 대중에게 노출되고 인지도가 향상된다. 이러한 플랫폼들은 사용자들이 코인의 가격, 거래량, 시가 총액 등의 정보를 쉽게 찾을 수 있게 해 준다.

다음은 등록할 수 있는 플랫폼들의 일부를 소개한다.

Coindar, CoinLore, Coingecko
CoinMarketCap, Etherscan, Bscascan,트러스트 월렛

Coinbase, Uniswap, PancakeSwap, TokenInsight

Blockspot, Coincost trackers, DigitalCoinPrice

Coindataflow, CoinCheckup, LiveCoinWatch

CoinCodex

14. 맞춤 지갑이 필요한 이유

　프로젝트를 위한 맞춤형 지갑이란, 다양한 기능과 확장성을 제공하여 프로젝트의 다양한 필요성을 충족시켜 줄 수 있다. 이러한 맞춤형 지갑은 프로젝트 초기에 ICO, 화이트리스트 관리, 그리고 비공개 판매 등을 통해 초기 자금을 조달하는 방법으로 활용될 수 있다. 그러나 국내법에서 ICO는 제한적이므로, 프로젝트 시작 전에 법적 상담이 필요하다.

　맞춤형 지갑은 사용자에게 토큰의 락업, 베스팅, 그리고 토큰 부여 등의 기능을 손쉽게 제공해 준다. 이는 프로젝트의 다양한 요구와 목표를 충족시킬 수 있게 해 준다. 토큰의 스마트 컨트랙트를 직접 사용하는 것도 한 방법이지만, 이는 각각의 사용자에게 개별적으로 스마트 컨트랙트를 배포하고 관리해야 하는 불편함이 따른다. 또한 이 방법은 시각적으로도 불편할 수 있다.

　따라서, 맞춤형 지갑은 프로젝트의 효율성과 관리의 용이성을 동시에 충족시켜 준다. 이를 통해 프로젝트 운영자들은 보다 직관적이고 효율적인 방식으로 토큰 관리와 자금 조달을 진행할 수 있다. 이렇게 해서 프로젝트는 초기 단계에서의 다양한 장벽과 어려움을 극복하며, 성공적인 발전을 이룰 수 있다.

　　　　　　　　　　　　　　　　　블록체인 스타트업

15. 백서의 중요성과 구성 요소

■ 백서의 중요성

사업계획서, 즉 백서는 암호화폐 및 블록체인 프로젝트의 근간이 되는 핵심 문서다. 이 문서는 프로젝트의 철학, 기술 아키텍처, 비즈니스 모델, 토큰 경제학, 팀 정보 등을 상세히 기술하며, 프로젝트의 성공과 커뮤니티 구축, 투자자 유치에 있어 중요한 역할을 한다. 초기 단계에서는 기본적이고 핵심적인 정보를 담아 작성하고, 프로젝트가 진행됨에 따라 상세한 내용을 추가하고 수정할 수 있다.

백서 작성은 어려운 작업이지만, 쉽게 생각하면 쉽게 만들 수 있다.

백서는 사업계획서와 동일하다. 사업을 해 본 사람들이라면, 블록체인을 통해 어떻게 토큰으로 사업할 것인지 작성하면 된다.

물론 일반 사업계획서와 다르게 토큰노믹스와 기술적인 부분을 좀 더 디테일하게 작성해야 하지만, 꼭 그럴 필요도 없다.

어렵게 느껴진다면, ChatGPT를 사용하거나, 외부 업체에 의뢰하는 방법도 있다. 최근에는 ChatGPT로 인해 백서 작성 비용은 크게 부담스럽지 않지만, 디자인 비용이 오히려 더 높을 수 있다.

디자인은 ppt, canva 등이 있지만 최근에는 깃북이 유행하는 추세이다.

■ 백서의 주요 구성 요소

프로젝트 개요: 프로젝트의 목표, 비전, 핵심 가치를 명확히 정리한다.

기술적 세부 사항: 사용된 기술과 아키텍처, 보안 등의 기술적인 부분을 상세하게 기술한다.

토큰 구조 및 경제: 토큰의 총 공급량, 락업 및 락업 기간, 배포 방식, 토큰노믹스 등을 명시한다.

로드맵: 프로젝트의 단계별 발전 계획과 마일스톤을 제시한다.

팀 및 조언자: 팀과 조언자의 경력과 역할을 소개한다.

법적 고지 및 위험 요인: 프로젝트와 관련된 법적인 문제와 투자자가 인식해야 할 위험 요인을 명시한다.

커뮤니티 및 마케팅: 커뮤니티 참여와 활성화 전략을 소개한다.

백서 작성 시 고려 사항: 백서의 내용은 명확, 투명, 그리고 진실해야 하며, 잘못된 정보나 불명확한 표현은 피해야 한다. 스마트 컨트랙트와 기술적인 세부 사항은 특히 정확하고 상세하게 기술되어야 한다. 백서는 프로젝트의 첫인상을 결정지으며, 프로젝트에 대한 신뢰와 투자를 이끌어 낼 수 있으므로 신중하게 작성되어야 한다.

수정과 개선: 초기 백서는 간략하고 명료하게 작성하여 프로젝트의 핵심 내용을 전달하는 것이 좋다. 프로젝트의 발전과 함께, 백서도 지속적으로 업데이트되어야 하며, 이를 통해 프로젝트의 변화와 성장, 개선 사항을 커뮤니티와 투자자에게 전달할 수 있다. 철저한 검토와 수정을 거쳐 백서의 완성도를 높여 나갈 수 있다.

블록체인 스타트업

16. 홈페이지의 중요성과 구성 요소

■ 홈페이지의 중요성

프로젝트의 홈페이지는 프로젝트의 정체성을 대변하며, 커뮤니티와 투자자들에게 프로젝트의 첫인상을 전달하는 중요한 플랫폼이다. 홈페이지는 프로젝트의 신뢰성과 전문성을 나타내며, 방문자들에게 프로젝트의 핵심 가치와 비전을 명확하게 전달해야 한다. 또한, 홈페이지는 투자자들과 커뮤니티 멤버들이 프로젝트에 참여하고, 정보를 얻을 수 있는 주요 출입구이다.

■ 홈페이지의 제작

홈페이지를 직접 제작할 수 있다면 좋겠지만, 그렇지 못한 경우에는 개발자에게 의뢰한다. 처음부터 너무 수준 높은 웹사이트를 만들 필요는 없다.

거래소 상장 요건에서 홈페이지는 원 페이지도 충분하다.

쉽고 간편하게 웹사이트를 만들 수 있는 웹사이트 빌더 프로그램들이 많으므로 적극 활용해 보자. 시간이 아깝거나 고퀄리티가 필요하면 개발자에게 넘기도록 한다.

1) 홈페이지의 주요 구성 요소

프로젝트 개요: 프로젝트의 핵심 아이디어와 목표를 명확하게 전달한다. 프로젝트의 가치 제안과 차별점을 강조한다.

백서 링크: 방문자들이 쉽게 백서를 찾고 다운로드할 수 있도록 링크를 제공한다.

로드맵: 프로젝트의 단계별 발전 계획과 중요한 마일스톤을 명시한다.

팀 및 파트너: 프로젝트 팀과 협력 파트너의 정보를 소개한다. 팀 멤버들의 LinkedIn 프로필 링크를 제공하여 신뢰성을 높인다.

커뮤니티 및 소셜 미디어 링크: 커뮤니티 참여와 활성화를 위한 다양한 소셜 미디어와 포럼 링크를 제공한다.

*LinkedIn

자주 묻는 질문(FAQ) 섹션: 프로젝트에 대한 일반적인 질문과 답변을 제공하여 방문자들의 의문점을 해결한다.

컨택트 정보: 방문자들이 팀에 연락할 수 있는 이메일 주소나 연락처를 명시한다.

프로젝트 뉴스와 업데이트: 프로젝트의 최신 소식, 업데이트, 이벤트 정보를 제공한다.

2) 홈페이지 구축 시 고려 사항

락업 해제나 추가 발행, 소각 등 이슈가 될 수 있는 부분으로 인하여 투자자들이 보유한 토큰 가치에 영향을 끼칠 수 있는 경우, 꼭 홈페이지나 운영하고 있는 공식 채널에 고지하여 유저들의 피해를 예방하고,

법적 문제를 예방할 수 있도록 해야 한다.

3) 코인마켓캡과 블록탐색기 등록을 염두

운영자의 LinkedIn 정보가 홈페이지에 명시되지 않으면, 코인마켓캡이나 블록탐색기(예: 이더스캔)에 프로젝트가 등록 반려될 수 있다.

이러한 플랫폼에 등록되지 않으면, 프로젝트의 가시성이 크게 저하되므로, 홈페이지에는 운영자의 LinkedIn 정보를 등록하는 것이 좋다.

최근 CMC(코인마켓캡)에서는 유료 상장 서비스를 출시하면서 유료 등록을 유도하는 추세이다.

여전히 무료 등록 신청은 가능하지만, 유료 등록을 하라는 메일을 받게 된다. 등록 비용은 5000USDT이다.

17. 거래소 상장을 위한 요건과 전략

거래소 상장은 가상자산 프로젝트에 있어 중요한 단계로, 여기에는 여러 요건과 고려 사항들이 있다. 초대형 거래소를 제외한 일반적인 거래소에서는 대부분 3가지 요건과 상장 비용을 요구한다.

(1) 가상자산(코인/토큰)

(2) 백서

(3) 홈페이지

* 일부 거래소는 추가로 활성화된 텔레그램 그룹이나 트위터(X)와 같은 소셜 네트워크 계정도 요구한다.

■ 상장 비용

상장 비용은 거래소마다 다르며, 대략적으로는 수백만 원에서 억대까지 다양하다.

일반적으로 유저와 거래량이 많은 거래소의 비용이 높다.

대부분 거래소들은 상장 비용을 요구하며, 요구하지 않는 거래소는 찾기 어려웠다.

■ 상장 후의 전략

상장만으로는 가상자산에 대한 매수가 반드시 이루어지는 것은 아니다. 프로젝트 운영자는 상장 후에도 지속적인 마케팅 활동을 통해 매수자(투자자)를 유치해야 한다. 이는 프로젝트의 성공을 위해 필수적이다.

■ 상장 거래소 선정

상장 비용이 낮은 거래소의 경우, 유저의 클레임 대응이 느리거나, 거래소 접속이 불안정하거나, 사용자 인터페이스가 미흡할 수 있다. 이러한 이유로, 상장을 고려하는 거래소에 직접 가입하여 매도·매수 및 기타 기능을 체험해 보고, 신중하게 거래소를 선정해야 한다. 물론, 상장 비용도 고려하여 결정을 내려야 한다.

상장 비용이 낮은 거래소 대부분은 알트는 물론이고 이더리움, 비트코인, usdt 등의 메이저 가상자산도 매수매도가 잘되지 않는 것이다.

유저가 없다 보니, 매수하고 싶어도 매수가 안 된다. 매도는 말할 것도 없다.

단지 상장만을 위한 것이라면 관계없지만, 장기적인 프로젝트 운영을 위해서는 어느 정도 거래량이 활성화된 거래소를 선택하는 것이 더 나은 선택이 될 수 있다.

거래소 상장은 프로젝트에 있어 중요한 전략적 결정이다. 상장을 위한 기본 요건을 충족하는 것은 기본이며, 어느 거래소에 상장할지, 그리고 상장 후의 마케팅 전략 등을 신중하게 고려해야 한다. 이러한 결정들은 프로젝트의 장기적인 성공에 큰 영향을 미칠 것이다.

18. 거래소에서의 MM 관리

MM(Market Making) 관리는 거래소에서의 중요한 활동 중 하나로, 시장을 유동적이고 활성화시키는 역할을 한다. MM 관리는 적절한 가격과 유동성을 제공함으로써, 거래자들이 원활하게 거래를 수행할 수 있도록 돕는다.

■ MM 관리의 중요성

유동성 제공 MM 관리를 통해 거래소에 유동성이 제공되며, 이를 통해 거래자들이 원활하게 거래를 수행할 수 있다.

가격 안정 MM 관리는 시장의 가격 변동성을 완화시켜, 거래자들이 안정적인 가격에서 거래를 수행할 수 있게 한다.

시장 활성화를 위한 적절한 MM 관리는 거래소의 전반적인 활동을 활성화시켜, 거래소의 거래량과 사용자 기반을 확대한다.

■ MM 관리의 방법

주문 깊이 관리 MM 관리자는 주문장(Book)에 다양한 가격대의 매수·매도 주문을 배치하여, 거래 유동성을 보장한다.

스프레드 관리 MM 관리자는 매수가와 매도가 사이의 차이인 스프레드를 관리하여, 거래자들이 합리적인 가격으로 거래를 수행할 수 있게 한다.

자본 관리 MM 관리자는 충분한 자본을 유지하여, 시장의 변동성에 대응하고 유동성을 지속적으로 제공한다.

■ 거래소의 MM 관리 지원

상장된 거래소에 따라서, MM 지원 패키지 서비스가 있다. 물론 유료 서비스이다.

직접 관리해도 되지만, 관리 인력이 없거나 경험이 부족한 경우에 이 서비스를 사용한다.

이 경우, 거래소에서 배정해 준 관리 팀원이 관리를 대행해 준다.

비용은 두 가지가 발생한다. 관리 인력 배정과 MM 관리에 대한 비용 그리고 매수를 위한 비용이다.

매수를 위한 비용은 이런 경우 사용된다.

현재 상장된 가상자산 시세가 0.002USDT에서, 매도 물량이 많이 발생하여 시세가 0.001USDT로 하락하여, 기존 0.002USDT 시세를 유지하기 위해 USDT를 사용하여 매도되고 있는 물량을 매수해야 한다. 이때 사용되는 USDT를 보증금 형태로 미리 지불해야 한다.

또는 시세를 올리고 싶을 때 매수를 통해 시세를 올리기도 한다.

사실상 자전 거래이다.

■ 첫 시세의 결정 및 관리

많은 클라이언트들이 거래소에 상장될 때 첫 시세가 어떻게 결정되는지에 대해 자주 묻는다. 첫 시세는 프로젝트가 상장되어 최초로 성사된 거래의 가격으로 결정된다. 일반적으로, 첫 매도는 프로젝트 운영자에 의해 이루어지므로, 이는 첫 시세를 프로젝트 측에서 마음대로 정할 수 있는 것을 의미한다. 그러나 이 과정은 매우 신중하게 접근해야 하는 부분이다.

■ 첫 시세 결정의 중요성

첫 시세는 프로젝트의 거래 가치를 대변하므로 올바르게 설정되어야 한다. 너무 높게 설정된 시작 가격은 시세를 올리기 위해 큰 양의 매수가 필요하게 만들고, 반대로 낮은 가격은 시세 조정이 더 유연해질 수 있다.

또한 높은 시세로 시작했을 때 시세가 무너지기 시작하면 해당 시세를 유지하기 위해서는 많은 지출하여 매도되는 물량을 매수를 해야 한다.

자산가가 아니라면 첫 시작은 낮게 시작하는 것을 권장한다. 또한 배포된 토큰(코인)의 수량에 따라 시세를 염두에 두어야 한다.

■ MM봇

MM봇은 거래소에서 제공하는 API를 기반으로 봇이 자동으로 매수·매도를 하게 하는 봇이다.

주로 관리자의 계정과 화이트리스트에 적용된 IP 주소에서만 허용

된다. 자동화된 매도·매수도 자전 거래와 스파크(일시적으로 빠른 시세 상승), 목표 시세까지 상승 및 하락 등을 조정한다. 암묵적인 방법이지만, 대부분이 MM봇을 사용한다. MM봇을 위해서는 거래소가 API를 제공해야 하지만, 소형 거래소에서는 제공하는 않는 경우가 있다.

일반적으로 이러한 봇 사용과 유튜버들이 협력하여 유저들을 끌어들이는 경우가 많다.

1) 주의점과 전략

■ 시장 반응 예측

프로젝트 운영자는 시장의 반응을 예측하여 첫 시세를 결정해야 한다. 가격이 너무 높으면 매수자를 찾기 어렵고, 너무 낮으면 프로젝트의 가치를 제대로 반영하지 못할 수 있다.

■ 유동성 및 수요 고려

첫 시세는 프로젝트의 유동성 및 수요를 고려하여 결정되어야 한다. 수요가 예상보다 많으면 가격이 급등할 수 있으며, 반대로 수요가 부족하면 가격이 급락할 수 있다.

■ 가격 안정화

첫 시세가 결정된 후에도 시장의 변동성에 따라 가격이 급격하게 변동할 수 있다. 이 경우, 프로젝트 운영자는 시세를 안정화하기 위해 적절한 조치를 취해야 한다. 이는 현재가 보다 높은 시세로 매수하여 시세를 유지하는 것을 포함한다.

■ 정보의 투명성

첫 시세 설정은 투명하게 이루어져야 하며, 이에 대한 모든 정보는 공개되어야 한다. 이렇게 함으로써 투자자들은 프로젝트에 대한 신뢰를 갖게 된다.

■ 가격 측정의 신중함

프로젝트 운영자는 첫 시세를 결정할 때 신중해야 한다. 가격이 과도하게 높거나 낮게 책정될 경우, 시장의 불안정성이 증가하고, 이는 최종적으로 프로젝트의 성공에 악영향을 미칠 수 있다.

거래소에서의 MM 관리는 거래소의 유동성과 시장 활성화를 위해 필수적이다. 성공적인 MM 관리는 정확한 데이터 분석, 체계적인 위험 관리, 그리고 고도화된 기술의 활용을 필요로 한다. 이를 통해 거래소는 안정적이고 활발한 거래 환경을 구축하며, 거래자들에게 신뢰를 제공할 수 있다.

2) 배포된 토큰(코인)의 수량과 초기 시세 결정

배포된 토큰(코인)의 수량은 시세 결정에서 큰 역할을 한다. 토큰의 수량이 과다하면, 그 가치는 상대적으로 줄어들 것이고, 토큰의 수량이 적다면 그 가치는 상대적으로 높아질 것이다.

■ 수량과 가치의 반비례 관계
배포된 토큰(코인)의 수량이 많을수록 개별 토큰의 가치는 상대적으로 줄어든다. 이는 공급과 수요의 기본 원칙에 기반한다. 토큰의 공급이 수요를 초과하면 가격이 하락하게 된다.

■ 수량 관리의 중요성
토큰의 수량을 적절히 관리하는 것은 프로젝트의 건강한 성장을 위해 중요하다. 과도한 수량의 토큰이 배포되면 시장에서의 가치가 떨어져, 프로젝트의 발전에 악영향을 줄 수 있다.
토큰에 소각 기능이 있다면, 소각을 통해 적절히 조절할 수 있다.

■ 시장 반응 고려
배포된 토큰의 수량과 가치는 시장의 반응과 직결된다. 토큰의 수량이 적절하지 않으면 시장은 불안정해지며, 이는 투자자들의 신뢰를 잃게 만들 수 있다. 따라서 시장의 수요와 반응을 예측하여 토큰의 수량을 결정해야 한다.

■ 시작 가격과의 상호작용
배포된 토큰의 수량은 시작 가격과 밀접한 관련이 있다. 적절한 수량의 토큰이 배포되면 시작 가격을 합리적으로 설정할 수 있으며, 이는 거래의 안정성과 프로젝트의 성장을 도울 수 있다.

■ 전략적 배포

토큰의 수량을 결정할 때는 프로젝트의 비전, 목표, 그리고 전략을 고려해야 한다. 전략적으로 토큰을 배포하면, 프로젝트의 가치를 증대시킬 수 있다.

3) 토큰의 추가 발행(민팅)과 시세 영향

토큰에 추가 발행(민팅) 기능이 있는 경우, 이를 사용하여 토큰을 추가로 발행하게 되면 시세에 중대한 영향을 미칠 수 있다. (발행 후 시장에 공급) 다음에서는 이 과정에서 고려해야 할 주요 사항들에 대해 자세히 설명한다.

■ 시세의 변동

추가로 발행된 토큰이 시장에 유통되게 되면, 토큰의 공급이 증가하여 시세가 낮아질 수 있다. 이는 공급과 수요의 기본 원리로, 공급이 증가하면 가격이 하락하는 경향이 있다.

■ 투자자에 대한 고지

추가 발행을 할 때는 반드시 공식 홈페이지나 공개된 플랫폼 등을 통해 투자자들에게 미리 고지해야 한다. 미리 고지하지 않을 경우, 불확

블록체인 스타트업

실성과 불안이 증가하여 투자자들은 손실을 입을 수 있다.

■ 투명성의 중요성

추가 발행에 관한 정보는 백서에 명시되어야 한다. 이는 프로젝트의 투명성을 보장하고, 투자자들에게 정확한 정보를 제공하여 잠재적인 피해를 예방한다.

■ 민팅 기능의 선택

일부 프로젝트들은 이러한 문제를 방지하기 위해 추가 발행 기능을 넣지 않는다. 하지만 이는 프로젝트의 유연성을 제한할 수 있으므로, 초기에는 적은 양의 토큰을 배포하고, 필요에 따라 점차 배포량을 늘리는 방법도 고려할 수 있다.

19. 상장 후 얻는 수익

1) 수익이 발생할까?

많은 클라이언트들은 거래소에 상장되면 자동으로 수익이 발생한다는 잘못된 믿음을 가지고 있다. 이에 대한 확실한 답을 제공하는 것이 어려운 상황이 계속되고 있다.

과거에는 신규 코인이 거래소에 상장되면 주목을 받아 거래량이 자연스럽게 증가하는 경우가 많았다. 하지만, 최근에는 새로 상장되는 가상화폐의 수가 많아지고, 특히 국내 거래소에서의 상장이 매우 어렵다. 그렇기 때문에 상장이 가능한 해외 거래소에 단순히 상장된다고 해서 거래량이 증가하거나 가격이 상승할 것이라고 기대한다는 것은 무리다.

토큰의 매수가 많아지고 가격이 상승한다면, 프로젝트가 보유한 토큰을 팔아 차익을 얻을 수 있다. 그러나 토큰 생태계를 유지 및 운영하기 위한 비용, 그리고 거래소의 MM 관리를 위한 비용 등을 감안해야 한다. 따라서 가격 차익이 발생한다 하더라도 실질적인 수익을 얻기 위해서는 여러 가지를 고려해야 한다.

거래소의 시세 차익에 집중하기보다는 토큰이 사용될 수 있는 다양한 플랫폼과 생태계를 개발하고, 이를 통해 수익을 창출해야 한다.

2) 거래소 유저들이 나의 토큰에 대해서 관심을 가질까?

사실상 최근에 들어 너무 많은 신규 자산들로 인하여 상장빨을 받기가 매우 어렵다. 메이저급 거래소에 상장되는 것이 아닌 경우, 직접 마케팅에 힘써야 한다.

유저들의 관심을 받기 위해서는 거래소 내부에서의 노출과 홍보, 그리고 외부 채널을 통한 지속적인 마케팅 활동이 필수적이다. 특히, 거래소에 상장된 토큰이 많고, 유저들이 다양한 선택지를 가지고 있는 상황에서는 각각의 프로젝트가 적극적으로 자신의 가치를 알리고, 유저들과의 소통을 통해 관심을 유도해야 한다.

■ 거래소 내 마케팅

거래소는 신규 코인에 대해 일정 수준의 마케팅 지원을 제공한다. 예를 들어, 신규 코인 소식을 거래소 유저들에게 알리거나, 특정 이벤트를 통해 코인을 홍보할 수 있다. 그러나 이런 지원만으로는 유저들의 활발한 참여와 주목을 이끌어 내기 어렵다.

거래소 자체에서 운영하는 마케팅 서비스의 비용은 상대적으로 높은 편에 속한다.

■ 외부 홍보와 커뮤니티 구축

거래소 외부에서의 홍보 활동과 커뮤니티 구축이 필요하다. 소셜 미디어, 커뮤니티 포럼, 블로그 등 다양한 채널을 통해 프로젝트의 독창적인 가치와 비전을 지속적으로 공유해야 한다. 또한, 유저들과의 지속적인 소통을 통해 피드백을 수집하고, 프로젝트의 발전 방향을 고민해야 한다.

20. 에어드랍과 상장 후 발생하는 문제점

에어드랍은 토큰의 인지도 향상과 커뮤니티 활성화를 목표로 무료 토큰을 배포하는 마케팅 방법이다. 그러나 이러한 에어드랍 후 거래소에 상장될 경우 예기치 못한 문제가 발생할 수 있다. 특히, 대부분의 사용자들이 에어드랍을 통해 받은 토큰을 팔게 되어 토큰의 가치는 급격히 하락할 수 있다.

예를 들어 인지도와 마케팅을 위해서 총 100,000토큰을 1000명에게 에어드랍 했고, 거래소에 상장하여 초기 시세를 100원으로 시작, 1000명이 100,000토큰을 매도하기 시작했다고 생각해 보자. 1천만 원이라는 물량이 매도되기 시작하고, 해당 물량을 매수하지 않으면 시세는 급격하게 무너져 내리기 시작하게 된다. 만약 100,000개가 아닌 1,000,000개 토큰을 에어드랍 하게 된다면 1억 원이다.

저자는 에어드랍을 약 10,000,000개를 한 상태에서 프로젝트의 상장 요청을 받아 진행했던 경험이 있다. 해당 프로젝트는 거래소에 상장되었으나, 에어드랍 물량으로 인하여 제대로 운영되지 못하였다.

1) 문제 해결 가능할까?

10,000,000개 에어드랍 상태에서 거래소에 상장 후 첫 시세를 0.01 달러(1.35원)에서 시작했고, 목표 시세는 1달러로 설정했을 경우 10,000,000개 에어드랍 물량을 가급적 첫 시세 0.01달러 또는 그 이하 시세에서 모두 회수해야 한다.

0.01달러×10,000,000= 100,000달러(13,500,000원)이다.

그런데 시세가 올라가서 0.06달러에서 에어드랍 유저들의 물량이 거래소로 나타나기 시작하면, 총 매수해야 될 물량은 최대 81,000,000원이다.

만약 목표 시세 1달러에 도달한 경우에서 에어드랍 물량이 터지기 시작할 경우에는 13,500,000,000원이다.

이 물량을 프로젝트 운영자가 매수하지 못한다면 시세는 무너질 수밖에 없다.

물론 프로젝트가 정말 탄탄하고 미래 가치가 확실한 경우는 홀더가 매도하지 않고 계속 보유할 수 있겠지만, 그런 특별한 케이스는 넘어가도록 하자.

이를 해결할 수 있는 현실적인 방법은 가격이 최하락 시점까지 내려갈 때까지 기다린 후 매우 낮은 시세에서 매수를 시작하는 것이다.

이 방법이 현실적이지 않다고 생각한다면, 프로젝트를 새로 상장하는 방법밖에 없을 것 같다고 저자는 생각한다.

2) 에어드랍으로 인한 문제 예방

문제점: 에어드랍 후 대량의 토큰이 시장에 들어오면서 가치가 급락할 수 있다.

대응 방안: 에어드랍을 통해 배포되는 토큰의 양을 적절하게 조절하거나, 락업 기간을 설정하여 일정 기간 동안은 토큰의 거래를 제한한다.

락업의 필요성: 락업을 통해 토큰의 급격한 매도를 방지할 수 있다. 토큰을 만들 때 락업 기능을 추가하거나, 락업 기능이 없더라도 핑크세일을 이용하거나, 락업 기능이 있는 전용 지갑을 만들어서 토큰을 지급한다.

정밀한 마케팅 전략 수립: 에어드랍은 마케팅의 일환으로, 잘 계획되고 실행되어야 한다. 적절한 양의 토큰을 적절한 타깃에게 배포하는 것이 중요하다.

토큰 유틸리티 확보: 토큰이 실제 가치를 가지고, 프로젝트 내에서 사용될 수 있도록 유틸리티를 확보한다. 이를 통해 토큰의 내재적 가치를 높이고, 가격의 안정성을 확보할 수 있다. 스마트 컨트랙트 구현 방식에 따라, 락업된 상태에서 제한된 거래를 할 수 있도록 구현도 가능하다. (예- 특정 플랫폼에서만 사용 가능)

에어드랍과 상장은 프로젝트에 긍정적인 효과를 가져올 수 있지만, 잘못 관리되면 큰 문제를 야기할 수 있다. 토큰의 가치 하락을 방지하고 프로젝트의 지속 가능한 발전을 위해, 상기한 방안들을 통해 적절한 대응이 이루어져야 한다. 이를 통해 프로젝트는 건강하게 성장하고, 커뮤니티와 투자자 모두에게 가치를 제공할 수 있을 것이다.

21. 밈코인과 유틸리티코인

많은 의뢰인들이 밈코인 제작 비용과 코인 제작 비용이 얼마인지 물어본다. 개발자 입장에서는 밈코인이나, 일반적인 코인이나 동일하다. 같은 코인(토큰)을 어떻게 운영하느냐의 차이이기 때문이다. 이건 개발의 차이가 아니다.

암호화폐 시장에서는 다양한 코인들이 존재하며, 이들 중 밈코인과 유틸리티코인은 특히 주목받고 있다. 이 두 종류의 코인은 목적과 가치에서 큰 차이를 보인다.

소스 코드가 다르거나 개발 측에서 밈코인을 위해 소스 코드를 따로 만드는 게 아니다. 따라서 개발자에게 밈코인을 개발해 달라고 말하는 것은 딱히 의미가 없다.

1) 밈코인

정의와 특징: 밈코인은 주로 인터넷 '밈' 문화에서 영감을 받아 만들어진 코인이다. 대표적으로 Dogecoin이 있으며, 이는 원래는 농담에서 시작되었다. 밈코인은 실질적인 유틸리티가 없거나, 개발 활동이 비활성화 상태인 경우가 많다.

가치와 리스크: 밈코인의 가치는 대부분 사회적인 현상, 유행, 커뮤니티 활동, 소셜 미디어의 홍보 등에 의존한다. 따라서 가치의 토대가 약하고 변동성이 높아, 투자자들은 고위험과 고수익을 동시에 경험할 수 있다.

2) 유틸리티코인

정의와 특징: 유틸리티코인은 특정 프로젝트 또는 플랫폼 내에서 사용되는 코인이다. 이는 플랫폼 내에서의 거래, 서비스 이용, 플랫폼 참여 등 다양한 형태로 사용될 수 있다. 유틸리티코인은 실제 사용 사례와 연결되어 있으며, 프로젝트의 성공에 따라 그 가치가 결정된다. 코인이 사용될 수 있는 게임, 플랫폼 등을 개발하거나 파트너십을 통해 운영될 수 있다.

가치와 수요: 유틸리티코인의 가치는 해당 코인이 사용되는 플랫폼의 성공, 코인의 사용 가능성, 그리고 공급과 수요의 균형에 대부분 의존한다. 실제로 사용되는 서비스와 연결되어 있기 때문에, 유틸리티코인은 밈코인에 비해 안정적인 가치를 가질 가능성이 있다.

3) 유틸리티코인의 예시

NFT마켓플레이스: NFT를 생성(민팅)할 때 나만의 토큰으로 생성할 수 있도록 한다. NFT 거래 또한 마찬가지이다. NFT가 특별하고 이

블록체인 스타트업

NFT는 내가 만든 토큰으로만 구매할 수 있다고 가정해 보자.

유저들은 특별한 NFT를 구매하기 위해서 해당 토큰을 구매하여야만 한다.

4) 디파이 플랫폼 토큰

Uniswap(UNI): Uniswap은 디파이 섹터에서 가장 널리 사용되는 플랫폼 중 하나로, UNI 토큰을 소유하고 있으면 프로토콜 거버넌스에 참여하거나 플랫폼 수수료의 일부를 받을 수 있다.

■ 스토리지 토큰

Filecoin(FIL): Filecoin은 블록체인 기반의 분산 스토리지 네트워크로, 사용자들은 불필요한 저장 공간을 네트워크에 대여하여 FIL 토큰을 얻을 수 있다.

■ 예측 시장 토큰

Augur(REP): Augur은 블록체인 기반의 예측 시장 플랫폼이며, REP 토큰 소유자들은 시스템의 정확성을 유지하기 위해 결과를 확인하고, 그 대가로 토큰 보상을 받을 수 있다.

■ 게임 플랫폼 토큰

Enjin Coin(ENJ): Enjin은 블록체인 기반 게임 플랫폼으로, ENJ 토큰은 플랫폼 내에서 가상 아이템을 구매하거나 만들 때 사용된다.

■ 스트리밍 서비스 토큰

Theta Token(THETA): Theta는 블록체인 기반의 비디오 스트리밍 서비스로, THETA 토큰은 네트워크의 보안과 통합을 위해 사용되며, 사용자들은 토큰을 스테이킹하여 보상을 받을 수 있다.

■ 데이터 마켓플레이스 토큰

Ocean Protocol(OCEAN): Ocean Protocol은 블록체인 기반의 데이터 마켓플레이스로, OCEAN 토큰은 데이터를 구매하고 판매할 때 사용된다.

■ 인프라스트럭처 토큰

Helium(HNT): Helium은 무선 네트워크를 구축하기 위한 프로젝트로, HNT 토큰은 네트워크 참여와 기여에 대한 보상으로 제공된다.

프로젝트 운영자가 제공하는 쇼핑몰에서 해당 토큰으로 결제할 수 있도록 한다.

5) 밈코인과 유틸리티코인의 선택

투자자들은 자신의 투자 목표, 리스크 허용 수준, 그리고 투자에 대한 이해도를 고려하여 밈코인과 유틸리티코인 중 어느 쪽을 선택할지

블록체인 스타트업

결정해야 한다. 밈코인은 높은 리스크와 높은 수익률을 동시에 가져올 수 있으나, 유틸리티코인은 상대적으로 안정적이며 지속 가능한 가치 증가를 기대할 수 있다.

밈코인과 유틸리티코인은 암호화폐 시장의 다양한 성격과 가능성을 보여 준다. 각자의 특성과 장단점을 이해하고, 신중한 판단과 계획을 통해 투자해야 한다.

22. 스테이킹과 예치의 차이점

일반적으로 스테이킹과 예치를 통일하게 생각하거나, 예치를 스테이킹으로 생각하지만 사실 두 가지는 다르다. 다만 유저 입장에서는 보상을 받는 점에서 동일하다.

스테이킹은 대개 PoS 기반 블록체인에서 사용되며, 참여자는 블록체인 네트워크를 유지하고 보안하며, 새로운 블록을 생성하거나 검증하는 활동에 참여한다. 이러한 활동에 대해 참여자는 보상을 받게 된다.

예치는 마치 은행에 돈을 저금하고 이자를 받는 것과 동일하다. 사용자가 토큰을 일정 기간 동안 잠그는 행위로, 대개 이자를 얻기 위해 사용된다. 스테이킹과 달리 예치를 통해 네트워크 유지에 직접 기여하지 않는다.

일반적으로 토큰은 자체 네트워크를 가지고 있지 않기 때문에 지분증명과 작업증명이 없고 따라서 실제 지분증명과 작업증명과 같은 스테이킹을 할 수 없다.

다만 스테이킹과 예치 방법이 유저 입장에서는 동일하고 보상 또한 동일하기 때문에 용어를 혼용하여 사용하는 경향이 있다.

1) 예치(스테이킹) 웹사이트를 운영하는 이유

많은 스타트업들이 토큰 발행 후 활발한 거래 활동을 유도하거나, 투자자들이 토큰을 장기 보유하길 기대한다. 이를 위해 스타트업들은 스테이킹 웹사이트를 구축하여, 사용자들이 토큰을 잠금 상태로 둠으로써 이자 수익을 얻을 수 있게 하며, 동시에 대량의 토큰 매도를 제한한다.

스테이킹(예치)은 사용자들에게 추가적인 이익을 제공하면서, 토큰의 가치를 상승시킬 수 있는 기회를 제공한다. 이러한 방식은 토큰의 가격 안정과 시장의 활성화에 도움을 주며, 투자자들이 토큰을 지속적으로 보유할 수 있게끔 만든다.

하지만, 스테이킹(예치) 기간이 만료되어 사용자들이 토큰을 언스테이킹하고 매도를 시작하면, 시장에 큰 판매 압력이 생겨날 수 있고, 이로 인해 프로젝트 운영자에게는 손실이 발생할 수 있다. 따라서 프로젝트 운영자들은 사용자들이 지속적으로 토큰을 스테이킹(예치)할 수 있도록 다양한 혜택과 이익을 제공해야 하며, 장기적으로 투자자들의 이익과 프로젝트의 성공을 동시에 추구해야 한다.

즉, 스타트업들은 스테이킹을 통해 투자자들의 매도를 억제하고, 그들에게 지속적인 이익을 제공하여 토큰의 가치를 유지하거나 상승시키려는 전략을 구사하게 된다. 이는 프로젝트의 성장과 지속 가능성을 위한 중요한 단계로, 잘 관리되고 실행된다면 성공적인 결과를 가져올 수 있다.

2) 작업증명(PoW)과 지분증명(PoS)에서의 스테이킹

* 자체 네트워크가 있는 코인에서만 가능하다.

■ 작업증명(PoW): 마이닝

작업증명에서의 '스테이킹'은 전통적인 의미의 스테이킹과는 다르게 작동한다. PoW에서는 '마이닝'이 주요 메커니즘이며, 사용자들은 해시 파워를 제공하여 블록을 생성하고 트랜잭션을 검증한다.

■ 역할

블록 생성: 마이너들은 해시 파워를 경쟁하여 새로운 블록을 생성한다.

보상 획득: 블록을 성공적으로 생성한 마이너는 블록 보상과 트랜잭션 수수료를 얻는다.

네트워크 보안: 마이너들의 해시 파워는 네트워크를 안전하게 유지한다.

3) 지분증명(PoS)

지분증명에서의 스테이킹은 사용자가 특정 양의 화폐를 잠금 상태로 두어 네트워크에 참여하게 하는 메커니즘이다. 이런 방식으로, 스테이커들은 블록 생성과 트랜잭션 검증의 과정에 참여하며, 그 대가로 보상을 받는다.

■ 역할

블록 검증 및 생성: 스테이커들은 잠금 상태로 둔 화폐의 비율에 따라 블록을 생성하거나 검증한다.

보상 획득: 스테이커들은 블록 생성과 검증 과정에서 얻은 수수료와 블록 보상을 받는다.

네트워크 보안: 스테이커들의 지분은 네트워크를 안전하게 유지하며, 공격을 방지한다.

PoW와 PoS에서의 스테이킹은 네트워크의 보안과 안정성 유지에 있어 핵심적인 역할을 하며, 참여자들에게는 보상을 제공한다. 하지만, 이 두 메커니즘은 그 구현 방식과 참여자들의 역할에서 큰 차이를 보인다. PoW에서는 마이닝을 통한 해시 파워 제공이 중요하며, PoS에서는 화폐를 잠금 상태로 두어 네트워크에 참여하는 것이 중요하다.

23. 중앙화와 탈중앙화 거래소(지갑)

중앙화 거래소(Centralized Exchange, CEX)와 탈중앙화 거래소 (Decentralized Exchange, DEX)는 암호화폐 거래의 주요 플랫폼이다.

많은 클라이언트들이 두 가지 거래소의 차이점을 모르고 있다. 일반 유저들은 크게 알 필요가 없지만, 프로젝트를 운영하는 운영자는 필수 적으로 알고 있어야 하는 상식이다.

두 가지 타입의 거래소들은 사용자가 암호화폐를 거래할 수 있는 장 소를 제공하지만, 운영 방식과 구조에서 큰 차이를 보인다.

1) 중앙화 거래소(지갑)

중앙화 지갑과 거래소는 거의 유사한 시스템이다.

똑같지만, 시각화된 거래 기능(차트)과 오더북이 없을 뿐이다.

우리가 흔히 거래하는 바이낸스, 업비트, P2B, 엘뱅크 거래소 또한 중앙화 거래소이다. 그렇다면 중앙화의 작동 방식은 무엇일까?

중앙화 거래소는 입금 주소, 코어 지갑으로 나누어진다. (거래소에 따라 더 세분화될 수 있음) 입금 주소는 유저에게 배정된 입금 주소이 다. 해당 입금 주소로 '1ETH'를 입금하면, 자동으로 코어 지갑으로 옮

블록체인 스타트업

겨지게 된다. 코어 지갑은 관리자의 운영지갑으로, 유저의 지갑이 아니다. 그렇다고 해도, 거래소 내의 MY 페이지와 지갑 자산 보유 현황에는 유저 자신이 '1ETH'를 보유한 것으로 나타난다. 입금 주소에 입금했고, 관리자가 그걸 가져갔는데 여전히 1ETH가 있는 것으로 나온다는 것이 이해가 되지 않을 수 있지만, 이건 단순 전산으로 표기되기 때문이다.

예로 관리자가 전산으로 100ETH를 부여하여 해당 유저 지갑에 100ETH가 표기되게 할 수도 있다.

출금할 때에는 어떻게 될까?

출금 시에는 유저의 입금 주소에서 출금되지 않는다. 입금 주소에 있는 ETH는 관리자의 코어 지갑으로 옮겨져 실제로는 0ETH만 있기 때문이다.

출금 시에는 관리자의 코어 지갑에서 출금된다.

그렇기 때문에 거래 내역(트랜잭션)에는 입금 주소가 아닌 다른 주소가 표기된다.

유저는 코어 지갑으로 옮겨지는 내용을 거래소나 지갑에서 볼 수 없다.

거래 트렌젝션을 추적하여 확인할 수 있지만, 일반 유저들이 확인하는 경우가 드물다.

관리자는 입금 주소에서 코어 지갑으로 ETH를 가져오기 위해 가스비를 입금 주소로 보낸다. 이는 즉 거래소 측의 비용이라고 볼 수 있다. 이러한 비용은 반대로 출금할 때 출금 수수료를 받아서 충당한다.

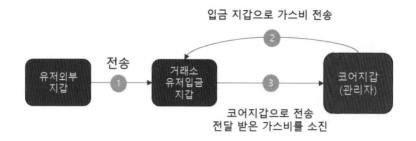

입금 주소는 코어 지갑의 하위 지갑으로서 코어 지갑이 하위 지갑을 컨트롤할 수 있다.

즉, 입금 주소에 자산이 입금되면 자동으로 입금 주소에서 코어 지갑으로 보내기가 가능하다.

2) 탈중앙화 거래소

탈중앙화 거래소는 스마트 컨트랙트를 기반으로 하며, 사용자 간의 직접적인 거래를 가능하게 한다.

전산화되지 않기 때문에 거래소의 전산조작이나, 해커의 전산조작 등이 불가능하다. 탈중앙화 거래소에서 거래를 할 때, 메타마스크 등의 개인화된 지갑으로 거래를 하게 된다.

중앙화 거래소처럼, 거래를 위해서 거래소에 입금하지 않아도 된다.

플랫폼에 접속하여 지갑을 연결하면, 나의 지갑에 가상화폐가 얼마나 있고 거래할 수 있는지 나타난다.

■ 어떻게 제작되어 있나?

탈중앙화 거래소는 거래 중개를 할 수 있는 스마트 컨트랙트를 개발하고, 해당 스마트 컨트랙트를 웹사이트에 연결(호출)하여 제작된다.

스마트 컨트랙트에는 중개 수수료를 가져갈 수 있도록 개발되어 있기 때문에 해당 거래소에서 거래하면 일정 수수료가 거래소 및 운영자의 주소로 전송된다.

한 번 만들어진 스마트 컨트랙트를 수정이 불가능하다.

수정을 위해서는 스마트 컨트랙트를 새로 만들어서, 웹사이트에 다시 연결해야 한다.

이 스마트 컨트랙트 또한 개발자에 따라 다르게 소스 코드가 작성되는데, 이 코드에 취약점이 있거나, 버그가 있다면 아무리 탈중앙화 거래라고 하더라도 위험이 있을 수 있다. 따라서 대부분 거래소들은 스마트 컨트랙트를 검증받는다. (오딧)

■ 탈중앙화 구조와 특징

예시: Uniswap, SushiSwap, PancakeSwap 등.

사용자들이 개인 지갑을 통해 자금을 관리하며 거래한다. 중앙 기관 없이 P2P로 거래가 이루어진다.

보안성이 높으며, 개인 정보 유출의 위험이 적다. 사용자 경험이 중앙화 거래소보다 복잡할 수 있다.

트래픽이 많을 때 네트워크 혼잡이 발생할 수 있고, 높은 가스 비용이 발생할 수 있게 된다.

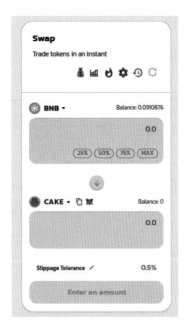

대표적인 P2P 거래소 -
팬케이크스왑 거래 화면

Uniswap, SushiSwap, PancakeSwap의 탈중앙화 거래소는 오더북이 없어 중앙화에 비교하여 시각적으로 불편한 점이 많았으나, 최근 중앙화화 동일한 시각적 요소를 제공하고 오더북이 있는 탈중앙화 거래소들이 생겨나고 있다.

3) 오덕북이 제공되는 탈중앙화 거래소

이더델타와 포크델타는 오더북을 제공하는 거래소의 첫 시발점이었

블록체인 스타트업

으나, 현재는 운영되지 않고 있다. 이후 유사하거나, 더 접근성이 높은 탈중앙화 거래소들이 나타나고 있다.

포크델타와 팬케이크스왑은 모두 사용자들이 암호화폐를 P2P 형태로 거래할 수 있게 해 주지만, 그들의 운영 방식과 인터페이스는 많이 다르다. 중앙 집중식과 동일한 시각적, 기능적 매력을 제공한다. 다만 초보자는 다소 어려운 부분이 있다.

■ 이더/포크델타

시각적 요소: 포크델타는 중앙 집중식 거래소와 유사한 사용자 인터페이스를 제공해, 사용자들이 오더북과 거래 기록 등 다양한 시각적 정보를 확인할 수 있게 한다.

오더북 방식: 사용자는 오더북에 주문을 넣을 수 있어, 원하는 가격에 매매가 이루어질 때까지 기다릴 수 있다.

복잡도: 시각적 요소와 다양한 거래 옵션이 많아, 초보자에게는 다소 복잡하게 느껴질 수 있다. 하지만 최근 GMX에서 개발한 탈중앙화 거래소(레버리지)는 보다 쉽게 접근할 수 있도록 구현되어 주목받고 있다.

블록체인 스타트업

24. 하이브리드 거래소

중앙 집중식 암호화폐 거래소와 분산형 암호화폐 거래소의 한계를 극복하고자 하이브리드 암호화폐 거래소가 탄생했다. 이 거래소 형태는 중앙화 거래소의 특성과 분산형 거래소의 특성을 조합해 최적의 거래 환경을 제공한다.

하이브리드 거래소는 중앙화와 분산형 거래소의 주요 단점들을 극복하며, 중앙 집중식 플랫폼의 편리함과 유동성, 그리고 분산형 거래소의 익명성과 보안을 모두 결합한다.

25. 중앙화 거래소에서 해킹 문제

중앙화 거래소는 암호화폐의 거래를 전산으로 처리하며, 이로 인해 해커들의 주요 공격 대상이 되곤 한다. 중앙화 거래소에서는 대규모의 자금이 모여 있기 때문에, 해커들은 다양한 경로와 방법으로 거래소를 공격하여 가상화폐를 탈취하려고 시도한다.

■ 보안 취약성

중앙화 거래소의 운영 및 관리는 일반적인 홈페이지나 쇼핑몰과는 다르다. 거래소에서는 막대한 양의 자금이 이동하고 저장되기 때문에, 은행처럼 철저한 보안 관리가 필요하다. 단 한 번의 보안 사고만으로도 사용자들의 큰 손실을 가져올 수 있으며, 이는 거래소의 신뢰도를 크게 훼손시킨다. 또한 그 책임에서 벗어나기가 쉽지 않을 것이다.

많은 스타트업들이 서버의 보안에 대해 한결같은 오해를 가지고 있다. 그들은 서버에 보안 프로그램 하나만 설치하면 모든 보안 문제가 해결될 것이라고 생각하지만, 이는 큰 착각이다.

해커들의 주목적은 이러한 보안 시스템을 뚫고 들어가는 것이며, 그들은 다양한 방법과 기술을 활용하여 보안 장벽을 무너뜨리려고 한다.

따라서 단순히 보안 프로그램을 설치하는 것만으로는 충분하지 않다. 실시간으로 시스템을 모니터링하고, 이상 행동이나 위협을 즉시 탐지하고 대응할 수 있는 인력이 필수적으로 필요하다. 이를 통해 발생할 수 있는 보안 사고를 미리 예방하거나 최소화할 수 있으며, 이는 사용자의 자산과 정보를 보호하는 데 매우 중요한 요소이다.

1) 중앙화 거래소의 해킹 공격 사례와 방법

중앙화 거래소에서 일어날 수 있는 공격 사례 중 하나로, 해커들은 악성 파일을 문서나 이미지 파일로 위장하여 거래소의 웹사이트에 업로드 할 수 있다. 이러한 파일이 업로드되면, 서버나 웹 어플리케이션의 취약점을 이용하여 해커는 거래소의 호스팅 시스템 내부에 침투할 수 있다. 이 과정에서 파일을 실행할 필요 없이, 단순히 시스템이 악성 파일을 처리하는 과정에서 발생하는 보안 취약점을 이용한다.

이 침투 방법을 통해 해커는 중앙화 거래소의 내부 네트워크에 접근할 수 있게 되며, 이를 기반으로 다음과 같은 활동을 수행할 수 있다.

(1) 사용자 계정 정보 및 개인키 탈취
(2) 거래소 내부의 자산 이동
(3) 시스템 전체 혹은 특정 부분의 제어권 확보
(4) 거래 조작 또는 가짜 거래 생성

이러한 공격은 웹 어플리케이션의 보안 취약점, 예를 들어 파일 업로드 검증 미흡, 서버 사이드 스크립트 취약점[SQL 인젝션, 크로스 사이트 스크립팅(XSS) 등]을 이용한다. 따라서 거래소는 엄격한 파일 업로드 정책, 입력 데이터 검증, 시스템의 지속적인 보안 업데이트 및 감사를 통해 이러한 유형의 공격으로부터 보호할 수 있는 조치를 취해야 한다.

2) 방지 및 예방

예방 방법으로는 자동 출금이 되지 않고, 관리자가 승인하면 출금되도록 하게 한다. 실시간 출금이 되지 않아 유저는 다소 불편할 수 있지만, 직접 보안 관리가 어려운 스타트업에서는 강화된 보안 조치라고 할 수 있다.

또한 유저가 회원 가입을 할 때 문자 인증 및 이메일 인증을 통해서만 가입할 수 있도록 한다. 의심스러운 거래가 있는 유저는 블랙아웃 처리하여 접근을 막는다.

해킹 이력이 있는 IP 주소를 차단한다.

* https://www.abuseipdb.com/에서 해킹 및 위험 이력이 있는 IP 주소 리스트를 받아서 해당 아이피는 접근할 수 없도록 차단한다.

블록체인 스타트업

26. 탈중앙화 해킹

탈중앙화 거래소 및 웹사이트는 중앙화 거래소에 비해 보안성이 뛰어나지만, 완벽하게 해킹으로부터 자유롭다고 할 수 없다. 다음은 탈중앙화 거래소에서 발생할 수 있는 해킹 공격의 예시와 대응 방안이다.

1) 탈중앙화 해킹

■ 스마트 컨트랙트 취약점 공격

해커들은 스마트 컨트랙트의 취약점을 찾아 공격한다. 취약점이 있다면, 해커는 이를 이용하여 거래를 조작하거나, 사용자의 자금을 탈취할 수 있다.

대응 방법: 스마트 컨트랙트 개발자 1명이 개발하였다면, 다른 개발자와 검사 업체(오딧)에 취약점이 없는지 확인 요청 할 필요가 있다.

웹사이트 해킹: 탈중앙화 거래소의 웹사이트 자체가 해킹당할 경우, 사용자의 개인정보와 자금이 위험에 노출될 수 있다.

일부 프론트엔드에 연결된 스마트 컨트랙트를 해커의 스마트 컨트랙트로 연결하여 유저들이 웹사이트에서 거래를 하게 되면 기존 스마트 컨트랙트가 아닌 해커의 스마트 컨트랙트를 사용하게 되어 자산을 탈취할 수 있다.

■ **해결방법 및 대응 전략**

보안 강화: 탈중앙화 거래소는 스마트 컨트랙트의 보안을 점검하고, 취약점을 주기적으로 점검해야 한다. 스마트 컨트랙트에 취약점이 있는 경우, 교체해야 한다.

이상 거래 모니터링: 탈중앙화 거래소도 이상 거래를 탐지하여, 조기에 해킹 시도를 발견하고 대응할 수 있어야 한다.

* 아래의 링크의 포스트에서 더 많은 해킹 사례를 확인 가능하다.

https://beincrypto.com/top-ten-defi-hacks-2022-hackers-daring/

27. 레이어 1, 레이어 2

최근 레이어 2가 상용화되면서 레이어 3까지 등장하기 시작하였지만, 여기서는 레이어 1과 레이어 2에 대해서 간략하게 소개한다.

블록체인의 레이어 1과 레이어 2는 블록체인의 성능과 확장성을 개선하려는 노력에서 중요한 역할을 한다.

레이어 1: 레이어 1은 블록체인의 기본 층으로, 비트코인이나 이더리움 같은 블록체인 네트워크의 핵심 구성요소와 프로토콜이 이 층에서 작동한다. 이 층은 모든 트랜잭션 처리와 상태 관리를 담당하며, 네트워크의 안전성과 신뢰성을 보장한다. 그러나 이 레이어에서의 트랜잭션 처리량은 한계가 있어, 대규모 트랜잭션 처리가 어렵다.

레이어 2: 레이어 2는 레이어 1 위에 존재하며, 기본 블록체인의 확장성 문제를 해결하기 위한 다양한 기술과 솔루션을 제공한다. 이 층은 트랜잭션을 빠르고 효율적으로 처리할 수 있도록 돕는다. 예를 들어, 상태 채널은 오프체인에서 트랜잭션을 처리하고, 사이드체인은 메인 블록체인과 상호작용하면서 추가 기능을 제공한다.

예시: 상태 채널은 블록체인의 외부에서 트랜잭션을 처리하여, 블록체인의 부하를 줄이고 처리 속도를 향상시킨다.

사이드체인은 주 블록체인과 연결되면서 독립적으로 동작하고, 레이어 1과 레이어 2 간에 정보를 주고받을 수 있다.

로컬 컨트랙트는 중앙화된 서버나 로컬 환경에서 동작하여, 빠른 처리 속도와 향상된 확장성을 제공한다.

레이어 1은 블록체인의 기반이 되며, 레이어 2는 그 위에서 더 나은 성능과 확장성을 제공한다. 이 두 레이어는 상호 보완적으로 작동하여, 블록체인 기술의 다양한 활용과 발전을 가능케 한다.

28. 블록 탐색기(이더스캔, BCS스캔)

블록 탐색기는 블록체인 네트워크의 투명성을 제공하는 중요한 도구다. 이더스캔, BSC스캔 같은 블록 탐색기를 통해, 사용자들은 특정 블록체인 네트워크상의 모든 트랜잭션과 블록을 검색하고 조회할 수 있다.

사용자 입장에서도 사용하지만, 개발자와 운영자 입장에서는 매우 자주 사용하게 된다.

의심스러운 거래를 추적한다거나, 트렌젝션의 성공 여부, 스마트 컨트랙트 확인 등 다양하게 사용된다. 또한 이 탐색기에 만들어진 토큰을 리스팅했을 때 유저들에게 신뢰감을 얻을 수 있다.

EVM 계열의 블록 탐색기의 UI는 거의 동일하다. 폴리곤,이더리움, BNB는 똑같고, 클레이튼은 거의 유사하다. 하지만 트론은 시각적으로 많이 다르기 때문에 처음 사용하거나 이더스캔에 친숙한 사용자들은 어려울 수 있다.

기능: 블록 탐색기를 통해 사용자들은 특정 주소의 잔액, 트랜잭션 히스토리, 스마트 컨트랙트의 코드 및 상태, 토큰 전송, 가스 비용 등 다양한 정보를 확인할 수 있다. 또한, 새로 채굴된 블록 정보, 트랜잭션의 상태와 같은 실시간 데이터 역시 접근이 가능하다.

29. 가상자산 사업자 신고 의무

우리나라는 「특정 금융거래정보의 보고 및 이용 등에 관한 법률」(줄여서 '특정금융정보법'이라고 부른다)에서 가상자산 사업자 신고 의무 및 의무사항을 규정하고 있다.

■ 가상자산 사업자의 정의

가상자산 사업자란 디지털자산 관련 활동을 하는 사업자, 특정금융정보법은 가상자산 사업자를 디지털자산의 매도·매수, 교환, 이전, 보관·관리, 중개·알선 등의 영업을 하는 자로 규정하고 있다.

■ 가상자산 거래업자

디지털자산 매매 교환 등을 중개 알선하기 위하여 플랫폼을 개설하고 운영하는 사업자.

■ 가상자산 보관관리업자

타인을 위하여 디지털자산을 보관 관리하는 행위를 주요 업무로 수행하는 자.

■ 가상자산 지갑서비스업자

디지털자산의 보관 관리 및 이전 서비스 등을 제공하는 사업자.

* 직거래 p2p를 위해 수수료 없는 플랫폼 운영은 제외이다.

■ 가상자산 사업자의 신고 의무

우리나라에서 영업을 하는 모든 가상자산 사업자는 가상자산 사업자 신고 절차를 마친 뒤에 사업을 영위할 수 있다.

만약 신고하지 않고 영업을 하는 경우에는 5년 이하의 징역 또는 5천만 원 이하의 벌금에 처해질 수 있고, 6개월의 범위에서 영업의 전부 또는 일부의 정지 처분을 받을 수 있다(특정금융정보법 제7조, 제17조 제1항). 또한 신고하지 못하거나 신고가 수리되지 않은 가상자산 사업자는 특정금융정보법에 따라 폐업하여야 하므로, 폐업 시 자금 회수 지연, 횡령 등 거래 고객의 피해가 발생할 수 있는 점을 주의해야 한다.

■ 가상자산 사업자 신고 요건

가상자산 사업자 신고가 수리되기 위해서, 가상자산 사업자는 다음과 같은 요건을 충족해야 한다.

(1) 정보보호 관리체계 인증(ISMS)을 획득할 것
(2) 실명 확인이 가능한 입출금 계정을 통하여 금융 거래를 할 것
(3) 대표자와 임원이 금융 관련 법률을 위반하지 않을 것
(4) 신고가 말소되고 5년이 지나지 않을 것

■ 가상자산 사업자에게 요구되는 조치사항

특정금융정보법에서는 가상자산 사업자에게 다음의 사항들을 이행할 것을 요구하고 있다.

(1) 예치금을 고유재산과 구분하여 관리할 것
(2) KYC 조치가 모두 끝나지 않은 고객에 대해서는 거래를 제한할 것
(3) 가상자산 사업자 신고·변경신고 의무를 이행하지 않은 가상자산 사업자와는 영업을 목적으로 거래하지 않을 것
(4) 가상자산 사업자나 가상자산 사업자 본인의 특수관계인이 발행한 디지털자산의 매매·교환을 중개·알선하거나 대행하지 않을 것
(5) 가상자산 사업자의 임직원이 해당 가상자산 사업자를 통해 디지털자산을 매매하거나 교환하지 않도록 할 것
(6) 가상자산 사업자가 디지털자산의 매매·교환을 중개·알선하거나 대행하면서 실질적으로 그 중개·알선이나 대행의 상대방으로 거래하지 않을 것
(7) 디지털자산이 하나의 디지털자산주소에서 다른 디지털자산주소로 이전될 때 전송 기록이 식별될 수 없도록 하는 기술이 내재되어 가상자산 사업자가 전송 기록을 확인할 수 없는 디지털자산인지를 확인해야 하며, 이를 알게 된 경우 해당 디지털자산을 취급하지 않도록 관리할 것(다크코인 취급 금지)
(8) 자신의 고객과 다른 가상자산 사업자의 고객 간 디지털자산의 매

매·교환을 중개하지 않을 것(오더북 공유 금지, 일부 예외 존재)

이 중 특정 사항들은 투자자 보호에도 활용될 수 있는 내용 들이다. 투자자의 예치금과 고유재산을 분리해서 관리하도록 하는 것은, 투자자의 예치금을 회사가 맘대로 유용하지 말고, 명확히 구분해서 관리하도록 하는 것을 의미한다.

그리고 가상자산 사업자 본인이나 특수관계인이 발행한 디지털자산의 거래를 중개하지 않도록 하거나 거래의 당사자로 참여할 수 없도록 하는 것은, 거래소가 특수관계인을 부당하게 지원해서 정상적인 가격보다 높게 거래되게 하는 등 이용자에게 피해가 발생할 가능성을 방지하도록 한다.

따라서 가상자산 사업자 신고가 수리된 회사의 경우에는 적어도 앞의 조치를 이행하고 있다고 신뢰할 수 있는 것이며, 이용자들은 보다 건전하고 안전한 환경에서 디지털자산을 거래하거나 이용할 수 있게 한다.

■ 가상자산 사업자 신고 목록 확인 방법

가상자산 사업자 신고 현황은 금융정보분석원 홈페이지(https://www.kofiu.go.kr)에서 확인할 수 있다. 가상자산 거래 고객은 이용 중인 가상자산 사업자의 신고 상황, 사업 지속 여부 등을 반드시 확인하는 것이 바람직하다.

30. 가상자산 사업자 등록의 문제점

가상자산 사업자 등록을 위해서는 정보보호 관리체계 인증(ISMS)을 받아야 한다.

하지만 불가능하기 때문에 예비 인증 제도가 생겼지만, 사실 이것 또한 스타트업에서는 매우 어려운 문제이다. 모기업이 뒷받침하지 않거나, 자본이 크지 않으면 포기해야 될 수준이다.

■ 문제점: 특금법과 정보통신망법의 충돌과 모순

신규 가상자산 사업자들은 특정금융정보법(특금법)과 정보통신망법 사이의 모순 때문에 정상적으로 ISMS 인증을 취득하고 신고를 완료하지 못했다. 특금법은 가상자산 사업자들에게 ISMS 인증을 필수 조건으로 규정하고 있으나, 정보통신망법은 실제 서비스 운영 실적이 2개월 이상이어야만 ISMS 인증을 부여하고 있다. 따라서 신규 사업자들은 인증을 획득하기 위해 불법으로 2개월 이상 영업을 해야만 했다.

해결책으로 'ISMS 예비인증 특례'가 도입되어 이러한 모순을 해결하려 하고 있다. 이는 신규 가상자산 사업자가 시장에 진출할 기회를 보장하려는 조치로, 예비인증의 세부 점검항목을 통과하면, 특금법상 가상자산 사업자로서 신고할 수 있다.

블록체인 스타트업

ISMS 예비인증을 획득한 가상자산 사업자는 예비인증 후 3개월 이내에 신고를 완료해야 하며, 신고가 수리된 후 6개월 이내에 본인증을 신청하고 획득하여야 한다.

하지만 예비인증 과정 자체에서도 인프라, 보안 장비, 서비스 시연 등의 심사 요건이 부담스럽게 느껴지며, 물리적 보안 환경 조성이 필요하다. 또한 이를 관리하는 전담 인력도 필요하다.

■ 해외 익명서버 운영

가상자산 사업자들이 최소한의 정보 보호 수준을 지키도록 하기 위해 만들어졌지만, 이로 인하여 가상자산 시장은 움츠러들 수밖에 없다.

또한 미신고 가상자산 사업자들은 해외 법인, 해외 익명 서버, 익명 도메인 등을 사용하여 오히려 이들을 확인할 수 없게 만들어 규제를 피할 수 있게 되었다. 이로 인해 규제 당국은 더욱 강력한 감시와 모니터링을 수행해야 하며, 이런 상황은 규제를 준수하려는 정직한 사업자들에게는 불이익을 가져올 수 있다.

해외 법인을 사용하거나 익명 서버를 이용하는 미신고 가상자산 사업자들은, 국내 법률에 따른 제재를 받지 않으려는 목적으로 이러한 방식을 선택할 수 있다. 이렇게 되면, 불법 활동이나 부정행위를 하는 사업자들이 국내법의 틈을 이용하여 활동하게 되어, 사용자들의 자산과 개인정보를 위협할 수 있다.

이러한 상황은 정부와 규제 기관에게 새로운 도전을 제기하고 있다. 이들은 가상자산 사업자들이 정직하게 활동하고 법을 준수하도록 만들기 위해 새로운 규제와 지침을 개발하고 실행해야 한다. 이런 규제와 감독이 없다면, 가상자산 시장은 부정행위와 사기로 가득 찰 수 있어 사용자들의 신뢰를 잃게 될 것이다.

더불어, 이런 상황은 가상자산 시장의 발전을 방해할 수 있다. 이로 인해, 투자자들은 가상자산에 대한 신뢰를 잃을 수 있으며, 이는 결국에는 가상자산 시장의 성장과 혁신을 제약할 수 있다. 그러므로 규제기관은 투명성과 공정성을 보장하면서도, 혁신과 발전이 이루어질 수 있도록 균형 잡힌 규제 방안을 마련해야 한다.

정부와 관련 기관들은 이러한 문제점들을 해결하기 위하여, 국제적인 협력을 강화하고, 국내외의 가상자산 사업자들에게 동일한 기준을 적용해야 한다. 또한, 규제와 모니터링의 효율성을 높이기 위해 새로운 기술과 방법론을 도입해야 할 것이다. 이렇게 하여, 가상자산 시장이 건전하게 성장하고 발전할 수 있도록 환경을 조성해야 한다.

블록체인 스타트업

31. 코인마켓캡

코인마켓캡(CoinMarketCap)은 암호화폐(가상화폐)의 시가 총액, 거래량, 가격 변동 등 다양한 금융 지표와 정보를 제공하는 웹사이트다. 이 웹사이트는 암호화폐 투자자들, 개발자들, 연구자들에게 가장 신뢰받는 정보 제공 플랫폼 중 하나로 꼽힌다.

1) 코인마켓캡의 주요 제공 정보

■ 가상화폐의 가격과 시가 총액
코인마켓캡은 다양한 암호화폐의 현재 가격, 시가 총액, 24시간 거래량 등의 정보를 실시간으로 제공한다.

■ 거래소 정보
주요 거래소들의 거래량, 거래 수수료, 거래 쌍 정보 등을 확인할 수 있다.

■ 시장 동향
암호화폐 시장의 전반적인 동향과 개별 코인/토큰의 가격 변동을 파악할 수 있다.

■ 개발자 도구(API)

코인마켓캡은 시세 정보, 거래소 정보, 시가 총액 등 다양한 암호화폐 관련 데이터를 제공하는 API를 개발 및 유지한다.

■ 코인마켓캡의 중요성

코인마켓캡은 암호화폐 시장의 동향을 한눈에 파악할 수 있도록 통합된 정보를 제공하므로, 투자자들에게는 투자 결정을 내리는 데 중요한 데이터를, 개발자들에게는 암호화폐 관련 애플리케이션을 개발하는데 필요한 데이터를 제공한다. 더불어, 새로운 프로젝트들이 코인마켓캡에 등록되면 그 프로젝트의 가시성이 증가하여 더 많은 관심과 투자를 받게 된다.

2) 코인마켓캡의 수익 구조와 API 서비스

코인마켓캡(CoinMarketCap)은 광고 및 정보 제공 API를 통해 주요 수익을 창출한다.

■ API 서비스

코인마켓캡은 암호화폐와 관련된 다양한 데이터, 예를 들어 시세 정보, 거래소 정보, 시가 총액 등을 제공하는 API를 개발하고 유지한다.

이 API를 사용하기 원하는 개발자나 기업들은 코인마켓캡에 비용을 지불해야 하며, 코인마켓캡은 이를 수익원으로 활용한다.

코인마켓캡에 등록되면, 다른 웹사이트와 플랫폼에서 코인마켓캡이 제공하는 가상자산의 시세 정보를 API를 사용하여 활용할 수 있게 된다. 이 말은, 코인마켓캡의 시세 API를 통해, 스타트업이 등록한 가상자산의 시세 정보를 다양한 지갑, 거래소에서 불러올 수 있게 되며, 이 API를 활용하는 다양한 플랫폼에 등록될 수 있다는 것을 의미한다. 물론, 거래량이 부족하면 덜 노출되므로 주의해야 한다.

■ 코인마켓캡 API의 중요성

코인마켓캡의 API는 많은 사용 사례에 활용되고 있어, 이를 통해 사용자들은 최신 시세 정보와 시장 동향을 실시간으로 얻을 수 있다. 이러한 서비스는 개발자들에게 특정 코인이나 토큰의 가치와 거래량을 정확하게 파악하고 분석할 수 있는 기회를 제공하며, 이는 스타트업들이 코인마켓캡에 자신들의 프로젝트를 등록하려는 주된 이유 중 하나로 작용한다.

코인마켓캡 상장은 프로젝트에 대한 고도의 노출을 제공하며, 이로 인해 프로젝트는 새로운 투자와 관심을 받게 된다. 이는 프로젝트의 성공 가능성을 상승시키며, 브랜드의 인지도와 신뢰성 향상에도 이바지한다.

더 나아가, 코인마켓캡은 사용자들의 투자 결정에 있어 중요한 정보를 제공한다. 가상자산의 가격, 시가 총액, 24시간 거래량, 공급량 등의 기본 정보부터 시작하여, 상세한 정보까지 제공하며, 이로 인해 투자자들은 투자 전략을 수립하고, 시장의 기회와 리스크를 더 정확하게 평가할 수 있다.

코인마켓캡의 API와 다양한 데이터 서비스는 블록체인 스타트업들에게 프로젝트의 가시성을 향상시키고, 다양한 시장 참가자들과의 연결을 가능하게 하는 중요한 수단이다. 스타트업들은 이를 통해 프로젝트의 성장과 발전을 도모하며, 전체 블록체인 생태계의 활성화와 발전에 기여할 수 있다.

3) 그 외 다양한 정보 제공 웹사이트

코인마켓캡 외에도 암호화폐에 대한 다양한 데이터와 정보를 제공하는 여러 웹사이트들이 있다. 몇몇 대표적인 사이트를 소개하면 다음과 같다.

■ CoinGecko

CoinGecko도 코인마켓캡과 유사하게, 다양한 암호화폐의 시세, 거래량, 시가 총액 등의 정보를 제공한다. 또한, 각 코인의 커뮤니티 활성도, 개발 활동 등 추가적인 지표들도 제공한다.

■ CryptoCompare

CryptoCompare는 암호화폐와 관련된 다양한 데이터를 제공하며,

포트폴리오 관리 도구, 월렛 및 거래소 리뷰 등 추가적인 서비스들도 제공한다.

■ CoinPaprika

CoinPaprika는 암호화폐의 가격, 거래량, 시가 총액 등의 기본적인 데이터 외에도, ICO 정보, 인플레이션률, ROI(Return on Investment) 등 다양한 추가 정보를 제공한다.

■ CoinCheckup

CoinCheckup은 암호화폐의 가격 정보와 함께, 각 코인의 투자 리스크와 향후 가격 예측 등의 분석 정보도 제공한다.

각 사이트마다 제공하는 정보와 서비스의 특성이 다르므로, 사용자는 자신의 필요에 맞는 사이트를 선택하여 사용하면 좋다.

32. 거래소 상장(AD)

■ 체인시스템즈 거래소 상장 올인원 패키지

블록체인 개발부터 거래소 상장까지 단 15일 이내, 완료.

코인 발행(토큰): 1일 이내 완료.

백서: 1~5일 완료.

백서 디자인: 3~5일 완료.

웹사이트: 2~7일 완료.

* 규모에 따라 다를 수 있다.

■ 상장 가능한 거래소 리스트

Bybit(별도 심사), MEXC, P2B, LBank, Bitget, DigiFinex, Coinsbit,

빈닥스, 뱅크CEX, INDODX 외 기타 거래소.

문의: 체인시스템즈

공식 홈페이지: https://chainsystems.pro/

크몽: https://kmong.com/gig/348043

카카오톡: https://open.kakao.com/o/szTmHT6d

블록체인 스타트업

티스토리: https://fightinfo2023.tistory.com/

이메일: lunar-2@nate.com

33. 체인시스템즈

■ 스타트업을 위한 블록체인 개발 회사

저자가 운영하고 있는 블록체인&웹 개발 회사인 체인시스템즈는 다년간 다양한 스타트업을 위한 프로젝트를 개발하며, 다양한 아이디어를 구현해 왔다.

체인시스템즈는 다년간의 블록체인 개발 경험을 통해 기제작된 소스코드를 활용한 커스텀 마이징으로, 보다 빠르고 저렴한 비용으로 스타트업의 주요 문제인 시간과 금전적인 부담을 해소해 준다.

체인시스템즈는 가상자산 개발 및 배포, 스마트 컨트랙트 개발, NFT 마켓플레이스, 지갑, 거래소 개발, STO 시스템 등, 블록체인을 통한 다양한 장르의 개발부터 상장까지 지원한다.

또한, 해외 거래소들과의 파트너십을 통해, 상장을 위한 진행 과정을 지원한다.